圖解
佛教八識【增訂版】

洪朝吉　著

目錄

作者序

　　大約三千年前，釋迦牟尼佛講解了放牧牛群的口訣、夫妻相處之道、升天成神的方法……，乃至解脫輪迴與成佛的法門，無數的經典包含了幫助眾生❶的一切學問，這也就是後代流傳、實用的「佛學」；後來彌勒菩薩與很多菩薩們再講述與整理佛學中，有關於心理、物質與業力的教法，而成為現在佛學的一個支脈，亦即「唯識學」。

　　唯識學盛行至今約一千六百年，認為眾生的心具有八種不同的作用，因此定義心的結構包含了八種「識」，而宇宙萬有都是由識所顯現與認知，這也就是「唯識」兩字的意義；它有別於唯心論所說的「心是宇宙中唯一的實體，身體的一切行為只是心理功能的顯現」，也相異於唯物論主張的「身體是宇宙中唯一的實體，心的精神作用只是腦的生理功能」。

　　如果從哲學家的觀點來看，你也可以說唯識學是一種哲學或心理學，但是有一點不同，就是它跟任何佛法一樣，只要認識並且實修，一定會得到有用的收穫；若能依照佛法和善知識的引導，實修實證就可以成就解脫；如果認為它只是一門學問，那就是入寶山空手而回了！

---

❶ 眾生有六種，依照生活的快樂與痛苦不同，分為天道、人道、修羅道、鬼道、畜生道、地獄道；天道最快樂，人道苦樂參半，地獄道最痛苦。

釋迦牟尼佛

　　一般哲學家思辨的結果，都無法超出八識中前六識的範疇，因為人類的智慧與思想範圍有限，只能到達人的程度，除非他學習並實行佛陀的教導，實際證悟佛性，已認清無窮盡的過去、現在與未來的宇宙。佛學是使人成佛的方法，不同於神學——神學清楚的劃分人與神是兩個截然不同的存在，本質上無法轉變，也無法超越。

　　宇宙中有無數的佛與眾生，佛的理智、情感與能力都已達到最圓滿的境地，佛清楚的告訴我們：「佛法的目的，只是希望一切的人、神等眾生都能回歸本來的真性，跟他一樣成佛，得到永遠的快樂。」佛俱足了大智、大慈與大能，而且佛法是因緣法，不同於神學所講的全能的神，所以佛不能判決我們上天堂或下地獄，只有你自己的所做所為，才能決定你以後要到哪裡。

　　為了認清這些道理，中國唐朝時的玄奘法師就專程到印度去研究唯識學，並翻譯及編著了很多有名的佛教經論，《西遊記》這本世界著名的小說，即改編自他從中國到印度學習佛法的故事，雖然書中沒有如實描述玄奘法師高尚堅忍的人格與行為，但是書中的主角孫悟空，就顯示出人類的心理狀態──心猿意馬，這裡說的「心」即第六識，像猿猴跳躍，起伏不定；「意」即第七識，如馬奔騰，永不停止的思量執著自我。

　　傳統的唯識經論有六經十一論❷，以及本書的主要依據《成唯識論》❸，這些典籍即使是修習佛法的行者，初讀之下，仍如進入迷宮，因為文義包羅萬象，很難明白。所以本書用淺顯的文字，配合簡單的圖解，有系統的介紹人類的八識，與唯識學的部分教理和佛學名詞，對學佛的行者會有相當的幫助；尤其是注重實修的禪宗與密宗，能藉此知道自己的修行方法所根據的理論，而解行並重！

---

❷ 例如《華嚴經》、《解深密經》、《瑜伽師地論》與《顯揚聖教論》等等。
❸ 玄奘法師編著，是唯識學的精要，其中詳述六道眾生的八識；本書只著重在人類的八識。

　　目前的神經科學研究與前六識有密切的關係，故於書末再以唯識學的理論詮釋幾個科學研究的成果，說明腦部是介於無形前六識與物質世界之間的溝通橋梁，並建立不同腦區和前六識各種功能的關聯性，希望能拋磚引玉，引發研究者進行相關的探討，彰顯佛學與科學的並行不悖。

　　現代人多以追求男女情愛與物質享受爲人生的目標，卻不知幸福快樂的起源，來自於心及行爲的轉變，因此我們希望把佛學的智慧介紹給更多人，期盼能破除虛妄，讓人們認識自己的心與宇宙人生的眞相，得到永遠與眞正的快樂。

　　最後，作者對本書初版的疏漏，謹在此致歉！❹本增訂版中，除了補正，包含的範圍也增廣，大致涵蓋了《百法明門論》、《八識規矩頌》、《大乘廣五蘊論》、以及《成唯識論》的部份內容，所以我們建議閱讀本書時，於第一章的十幾個佛學名詞較不常見，先看過理解就好，在後面的章節會再次使用與大概說明；內文的各個章節須循序漸進，對內文有充分認識時，再詳細閱讀附錄，只要如此，就會像看圖畫書一樣的有趣。

---

❹請在臉書 FB 搜尋「洪朝吉」，相片有更正資料，可自由下載。

第一章

導　論

第一節 ▏ 宇宙萬有的顯現

　　佛經說：「一切眾生從無始以來，因爲住於根本無明 —— 從生來就有的愚癡，妄念流轉而造成如今的心、身體與世界，由於貪戀這些，所以眾生輪迴生死。」佛曾經也作過天人、人或動物，甚至曾是地獄的眾生，因爲修習佛法，結果現在成佛，住於佛性之中，永享無窮的快樂；佛的無明已轉化成智慧，用來引導幫助世界上的眾生，解脫痛苦與輪迴。

佛

眾生

　　佛可以顯現出任何色身來幫助眾生，但是佛的心永住於佛性。
　　佛性本來就俱足一切，沒有生死的痛苦，只有永恆的快樂，常被比擬如無雲的晴空。

　　眾生的心侷限於此生的色身，心中貪戀執著。
　　眾生本俱佛性，但是因爲根本無明遮蔽了佛性，

根本無明

　　使妄念流轉而形成如今的宇宙萬有，也就是現在的心、身體與世界。

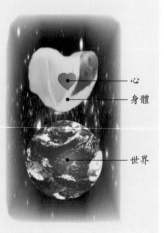

心
身體

世界

　　因爲有根本無明，使本來清淨的佛性中，現出了宇宙萬有；這就好像我們的眼睛生病有眼翳，就會看見清淨的晴空裡有種種幻相。宇宙萬有如同晴空中的幻相，本來就不眞實，只要消除眼翳，亦即根本無明，就可以看見宇宙的眞相。

　　而宇宙萬有是如何顯現？需從眾生的心開始說明：

　　心基本上可分成八種不同作用，因此定義心包含有八種識。第八識從無始以來就存在著，永遠不會消失或停止作用，要一直修行到成佛，才會轉變爲智慧。眾生接近死亡時，要等到第八識離開身體，生命才算結束。而當父、母的精子、卵子結合成受精卵的同時，第八識就進入受精卵，此時是一個生命的開始，因此可稱第八識是許多宗教所說的靈魂。

　　第八識生來就蘊藏有一種無形相、無窮盡的能量，這種能量源自包含一切的佛性，因爲眾生的執著，能量會轉變成心、身體與世界，其中，心的前七識與身體可在世界上造作種種行爲，這將熏習第八識再產生新的能量，如此反覆不斷，就使眾生在世界裡，生死輪迴無法停止。

　　這就像大地、種子與植物的循環關係，可以比喻說：「第八識好比大地，其蘊藏的能量就如植物的種子，而心、身體與世界就像種子所生出的植物。」也就是識產生了宇宙萬有，因此佛經說：「識就是一切。」

　　唯識學將儲存在第八識的能量也命名爲種子，並分爲心法種子與色法種子兩種。心法種子能產生心 —— 八種識，產生的先後順序是第八識、第七識與前六識；色法種子能形成色法，也就是物

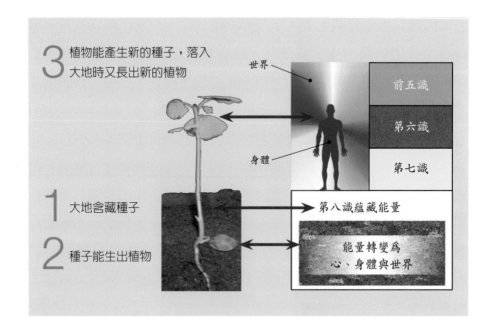

質——五根、身體與世界。

　　下頁圖顯示宇宙萬有都是由識所現出，再由識來認知。其中第八識是前七識與物質世界的基礎，所以第八識也稱為根本識。有相的物質世界與自己無形的心，就如圖中的各個矩形，而且必須要位於下方的實線矩形存在時，其上方的實線矩形才能生起。

　　第七識持續不停的思量執著「自我」的存在；然後根據「自我」的存在，第六識才能產生分別、思考、記憶、判斷與決定等等的作用；前五識是由不同的五根——眼、耳、鼻、舌與身根，接觸物質世界，個別產生的識，它們沒有分析的能力，必須由第六識做統合、分析、判斷或推論，所以必須依靠第六識才能生起。醫學上所說的意識，亦即腦部的思考作用也屬於第六識（請參考附錄二）。

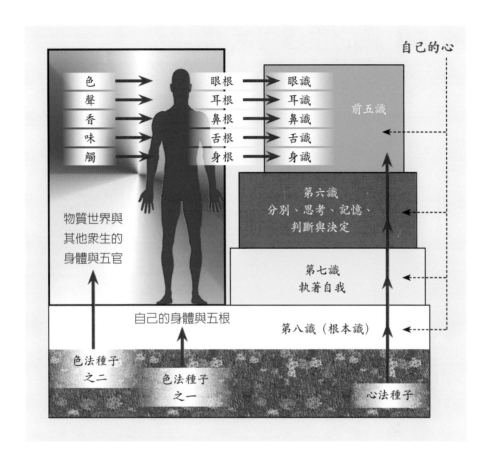

　　物質世界與一切眾生的種種活動會產生五境——色、聲、香、味與觸境，五境再分別由個人的五根所接受，就會在個人的八識中產生作用，這就是色法與心法大概的關係，詳細的說明於以下各章。

第二節 ▍識的生起與活動

　　心法與色法種子不停的顯現心與物質，而且是即現即滅，好像電視螢幕，畫面一張、一張的顯現，速度非常快速，所以眾生無法辨別，就誤以為它們是隨著時間改變的連續動作，這就是時間概念的由來。

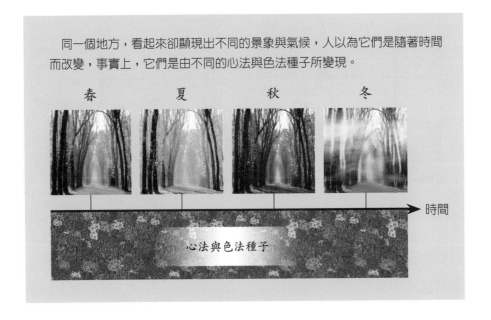

同一個地方，看起來卻顯現出不同的景象與氣候，人以為它們是隨著時間而改變，事實上，它們是由不同的心法與色法種子所變現。

春　　　夏　　　秋　　　冬

時間

心法與色法種子

　　種子又稱為「因」，因要發生作用產生「果」，必須是「緣」俱足的時候，所以只有因與緣俱足時，才會產生果。例如要有一棵幼苗存在的果，需以種子為因，及適當的陽光與雨水為緣；所以因是可以轉變為果的能量，而緣是促使因轉變成果的助力。

為什麼有幼苗存在的果？

適當的陽光與雨水為緣

果＝因＋緣

由因、緣俱足而變現

種子為因

　　心法與色法種子的性質，分成善、惡與無記（非善非惡）三種，無論時間與世界如何變化，以此三種種子為因，在緣俱足時，就一定會分別產生讓眾生受樂、受苦與不樂不苦的果報。

　　色法種子必須要有增上緣，才能發生作用形成物質。「增上」兩個字的意義是加強、促進，而且對不同的物質需有不同的增上緣；例如火的色法種子要產生火，必須有四個增上緣：氧氣、蠟燭、打火機與人的操作。

火的果報＝因＋增上緣

想要產生火，
必須有增上緣

因：火的色法種子　　　　　因：火的色法種子

增上緣又分為順益與違損兩類，順益對事物的生起、成長有幫助；違損則有障礙妨害。例如適量的雨水、陽光是花草的順益增上緣；而大雨、暴雪則是花草的違損增上緣。

心法種子要發生作用產生識，必須同時具備三種緣——增上緣、所緣緣與等無間緣。

增上緣：意義如前所述。例如必須有眼根作增上緣，眼識才能產生。

所緣緣：「所緣」就是所緣取❶的境。八個識各有所緣取的境，這些境必須要先存在，才能生起識。

例如眼識的生起，必須先有所緣取的色境，若無色境即無眼識。

---

❶當甲「緣取」乙時，即表甲取得乙作為緣，以產生甲或甲的某種作用。

所緣緣即色境：
聖誕樹

輸入

產生

心中產生的
眼識

等無間緣：等無間，等指相等、同類；無間是念念相續，無有間斷。任一識的生起，必須是同一識的前念引導後念的生起，亦即前念可以幫助同類的種子在後念發生作用，即使前念與後念中，隔了一段時間，前念還是可以作為後念產生的緣。

以眼識為例，說明因與三種緣的關係如下。

我們在海邊看日出時，假設看的時間共 5 秒，所生的每一個眼識能維持 1 秒鐘，在第 3 與第 4 秒時，眼睛閉起來無眼識：

果（眼識）＝因＋三種緣

時間	第1秒	第2秒	第3秒	第4秒	第5秒
因	在第八識的眼識種子				
果 （眼識）			無		
等無間緣 ＝ 前一個眼識					
增上緣					
所緣緣					

　　依藉眾多因、緣組合而現起的宇宙萬有，會根據組合條件的不同而改變，並無法獨立生起或存在，所以宇宙萬有只是假有，並非恆常不變的實體，此種性質稱為「依他起性」。

識的三個部分

　　眾生有攝取食物的生理本能與需求，而且心理與生理一樣，八個識都有緣取境的本能與需求。雖然識只是無形相的精神作用，但可以將識的精神活動分成三個部分❷：

　　1. 見分：見是照見、認識的意思，分即部分；見分是識的主觀認識能力，所認識的對象是相分。見分就如照相機可以照見色境的能力。

　　2. 相分：見分是精神活動，不能直接緣取、認識識外的境，所以由識的本體，變現出類似於境的相分，讓自識的見分來緣取、認識，所以相分與境並非同一件事或物。相分如同照相機所拍攝到的相片。

　　3. 自證分：也就是識的本體，包含見分與相分。本體能證知見分，亦即見分之所見是由自證分來顯現；例如現在看書，自心了知文字的意義，就是自證分證知見分的作用。

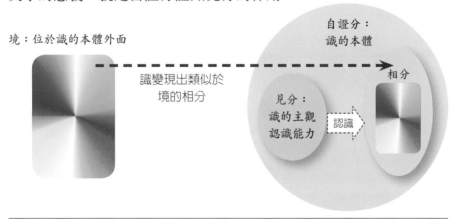

境：位於識的本體外面

識變現出類似於境的相分

自證分：識的本體

相分

見分：識的主觀認識能力

認識

---

❷亦有主張分為四個部分者，即多一「證自證分」，其與「自證分」可互相證知。

再以鏡子比喻：自證分就像是整個鏡子，能夠照見與顯現萬物的影像。

見分就如鏡子能夠緣取、照見萬物的能力。

相分就如鏡中所顯現的影像，影像與境類似卻不同，就如鏡中花雖然和真花類似，但畢竟不是真花。

境即真花

以眼識為例，說明相分的生起：讓一位近視眼的人不戴或戴上眼鏡（眼睛與眼鏡都屬於增上緣），來看左半部的蓮花，再比較右半部的兩張圖，就會發現所顯現的眼識相分不同：

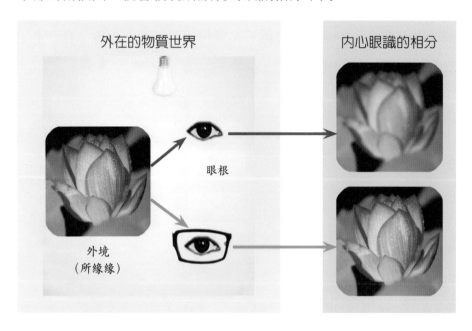

外在的物質世界

內心眼識的相分

眼根

外境
（所緣緣）

　　內心的眼識見分無法直接認識外境，所以由眼識本體變現出類似外境的相分，讓眼識的見分來認識。若你發現右半部兩張眼識的相分呈現不同，這是第六識的分別作用，前五識並不會分別。

　　因為每個人的身體構造迥異，眼根也不一樣，即使處在同一個世界裡，各人心中所現的世界並不相同，只是類似而已！

第三節 ▎ 識的功能

　　眾生攝取食物以後，需藉著消化、循環等系統的生理功能來維持生命，而維持生命也需要心理的功能：

　　當識緣取境的時候，識有五種基本功能——五遍行心所，即五種普遍存在於八個識中的心理活動或精神現象；這裡把心理活動稱為心所擁有的法，或簡稱心所。

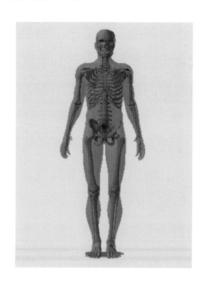

**維持生命的
生理功能**

呼吸系統
消化系統
循環系統
內分泌系統
肌肉系統
骨骼系統
……

**維持生命的
心理功能**

每個識都有五種
基本功能：
1. 觸
2. 作意
3. 受
4. 想
5. 思

　　身體只能攝取屬於物質的水、食物等等；而識除了能緣取物質的外境，還能緣取心內想到的人、事與物等境。關於外境與心內想到的境，有個故事相當有趣：

　　從前有一位得到神通的修道人，他很會說法，常常感動天人與閻羅王來聽法。有一天他說法以後，閻羅王告訴他，幾天後他的壽命就到盡頭了，雖然他有神通，但是瞋心還未斷除，在臨終時有人會讓他發脾氣，他就會因為瞋恨心而墮到地獄裡面。

　　修道人自己沒有解救的辦法，非常煩惱，閻羅王就勸他去請教釋迦牟尼佛，於是他拿了兩株微妙美麗的花去供養佛，佛一看見他走過來，就說：「修道人，放下！」於是他放下右手的花。佛又說：「修道人，放下！」他也放下左手的花。但是佛再次說：「修道人，放下！」

　　他非常疑惑的問說：「佛啊！我已經兩手空空了，為什麼您還叫我放下呢？」佛說：「我不只要你放下手中的花，也要你將外境

與心內想到的境，以及全部的執著一起放下。」

　　修道人終於聽懂了佛的話，立刻身心放下，頓證阿羅漢果，解脫輪迴的痛苦。

識的五遍行心所

　　識的五遍行心所包括：

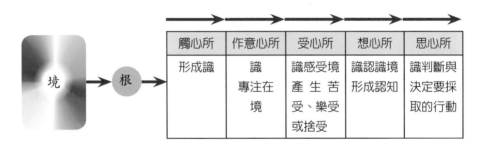

觸心所	作意心所	受心所	想心所	思心所
形成識	識專注在境	識感受境產生苦受、樂受或捨受	識認識境形成認知	識判斷與決定要採取的行動

　　1.觸心所：根與境接觸而產生識，三者同時存在時稱為觸，此時識的精神活動包含自證分、見分與相分。

　　2.作意心所：識產生以後，使識專注在所緣取的境，亦即見分專注在相分，才能再產生以下的心所。

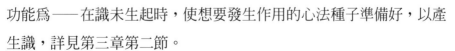

見分　專注　相分

　　有些時候，對某些特別的人或境，第六識的觸與作意會調換順序，此時作意的功能為——在識未生起時，使想要發生作用的心法種子準備好，以產生識，詳見第三章第二節。

　　3.受心所：識感受境，亦即見分感受相分，隨著相分是逆境、

順境或俱非（非逆非順），再直接衍生出苦受（不愉快）、樂受（愉快）或捨受（非苦非樂）。

此時的苦、樂或捨三種感受是個人的直接反應，不用思考就會生起，能各別讓識對境產生分離、聚合、非離非合的慾望。

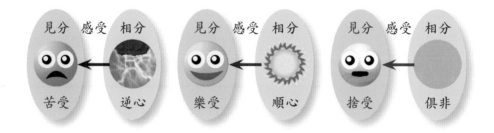

4. 想心所：識認識境，亦即見分認識相分後，形成認知。認知包含「感覺」、「知覺」、「概念」與「意象」等。

八個識中，只有第六識的「想心所」會再以語言／❸文字設立名稱，來形容概念與意象。例如眼識所緣的是 🌹 ，第六識的「想心所」就會認出、分別這是玫瑰花，而不是蓮花或蘭花。

5. 思心所：自我意志的活動，見分依據「受心所」產生的感受，與「想心所」的認知，再分別、思量❹判斷與決定要造作善、惡或無記性的善／煩惱／不定心所。

八個識中，只有第六識的「思心所」能驅使身體與口做出行動，而行動的善、惡或無記性，是由善、煩惱等心所的性質來決定。

---

❸「／」表示「與」或者「或」。
❹思量，即思考、思維（thinking）。

4. 想心所

見分 認識 相分

形成
認知 ←

5. 思心所

見分
分別、思量、判斷
與決定要造作
善、惡或無記性的
善／煩惱／不定心所

相分

例如我們在一望無際的
草原上，眼識只見綠油油的
一片，此時眼識的五遍行心
所如下：

1. 觸：眼根緣取草地爲境，而產生眼識。

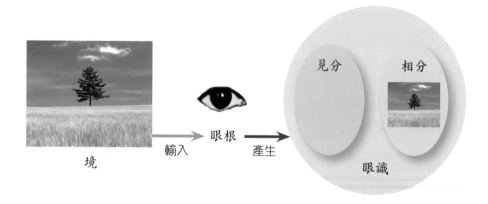

境 　輸入　 眼根 　產生

見分 　　　相分

眼識

2.作意：眼識產生後，見分專注在相分，不然就「視而不見」，無法再產生以下的心所。

3.受：見分感受相分，相分是順眼的綠油油草地，再直接衍生出樂受。

4.想：見分認識相分後，眼識形成「█ 的視覺」。

5.思：眼識或前五識都不會分別、思量與決定。

任一識產生時，五遍行心所就依序生起，它們是任何眾生都有的心理活動，而且這五種心所生起的速度非常快，很難察覺自己目前是在哪個心所，一般人察覺時大概都已在思心所了。禪定的功夫深時，例如阿羅漢入「滅受想定」，可以使前六識與其心所全部停止。

受心所的三種感受中，苦受與樂受的性質容易變化，人類無法一直持續，只有捨受可以不變的延續下去。感受的出現有兩種因緣，其一來自過去的業力，若善業的力量較強，則樂受就多；其二與煩惱的輕重有關，煩惱粗重的人，苦受較多。

五遍行心所是任一識緣取境即生起；假如第六識所緣取的是某一種特別的境，在五遍行心所之後，會再生起特別的心理活動，也就是「別境心所」，它們會與思心所一起活動。例如我們看到特別喜愛的東西，就會生起別境心所的「欲心所」，也就是願望，它可以在我們心中持續數日，時時想到這個東西。

別境心所共有五種：

1.欲心所，緣取所樂境而生起：欲就是願望、希望；所樂境即所喜歡、愛樂的境。欲心所使人生起認真的心，努力追求，希望可

以實現所喜歡的境。而希望有善、惡、染、淨的差別，如善心助人是善、淨，打算損人利己為惡、染。

　　好像我們想要買房子，生起了欲心所，此時欲心所即想要得到房子的願望，房子就是所樂境。從此天天努力工作，不論何時何地常常想到這個目標，就這樣努力追求，存錢存了好幾年以買到房子。

不管遇到任何境界，心裡常會想到這個目標，這就是欲心所。

　　2. 勝解心所，緣取決定境而生起：決定境即對某些境已有深刻不變的認識與見解，當這些境又現前時，心中自然生起勝解──無疑堅定的見解；如果有懷疑、猶豫的心，或心可被轉變，即非勝解。

　　就如不管在哪裡看到國旗（決定境），自然知道它代表國家（勝解），不會懷疑或猶豫不決。念佛的人堅信念佛必可往生淨土，就是勝解，無論此生是貧富貴賤，遇到任何喜怒哀樂的事情，都堅信念佛能往生。

3. 念心所，緣取曾習境而生起：念就是明白憶持，不會忘失；
曾習境是以前經歷過的境。

例如不斷複習曾經學習過的事或義理，就能明記不忘。對於念
佛的人，佛號「阿彌陀佛」即曾習境，「時時刻刻專心念佛，不忘
佛號」就是念心所；當念心所功夫一到，就能引生禪定。

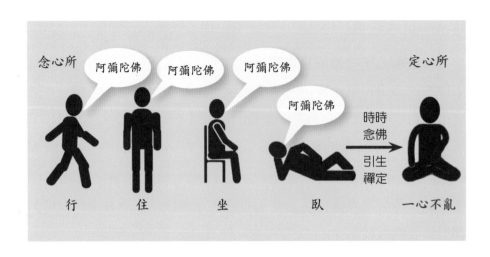

4.定心所，緣取所觀境而生起：使精神專注在所思惟、觀察的境，而且不散亂、不分別，就生起定心所，也就是禪定；禪定能引生智（智慧）。初學入定時，所觀境最好是一境，亦即不會變化的境，境可以是佛號或佛像等。

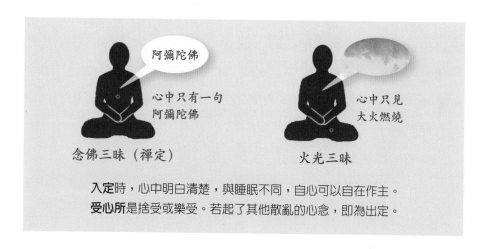

念佛三昧（禪定）　　　　火光三昧

入定時，心中明白清楚，與睡眠不同，自心可以自在作主。
受心所是捨受或樂受。若起了其他散亂的心念，即為出定。

定概分為出世間定與世間定❺。若久修能善住於禪定時，對內心自在生起的任何所觀境，定心所都可以持續形成，安住於此境，就如佛與大菩薩們，行、住、坐、臥都在定中。

5.慧心所，緣取所觀境而生起：慧也是智慧❻，分辨與推理所觀境的是非、得失，再做出決定，能斷除「疑」。慧又分為出世間與世間的智慧，也可分成正智慧與邪智慧。

---

❺ 出世間，出離、解脫世間的生死輪迴。出世間定，例如滅盡定；世間定，例如四禪八定，詳見附錄三。

❻ 「智慧」一詞可只用「智」或「慧」一字簡稱。但於此處，「智」主要是指對諸聖道能決斷其疑、揀擇其理的決擇智慧；「慧」則是對聖道或世事都能決擇的智慧。

定、慧兩個心所皆非散亂的境界，定只能夠不分別的專注於所觀境；但是慧能夠分辨與推理所觀境的善、惡、可作、不可作等等。

別境心所可以同時產生某幾種，例如在推導某種學說或理論時，就會一起生起勝解（心中已有深信的定理為基礎）與慧（分析推理所對的境）的心理活動。

例如，勝解是牛頓運動定律：力量＝質量 × 加速度

以世間的「慧」推論質量 40 公斤的人，其重量為？

（重量即是所觀境）

重量＝力量

＝質量 × 重力加速度

＝ 40 公斤 × 9.8 公尺／秒²

＝ 392 公斤 × 公尺／秒²

總結以上的說明，識的思心所會根據：

1. 受心所的感受（比如：樂受可能會引生貪愛的煩惱）。

2. 想心所的認知（正確的見解可使人行善；但是不同的概念、看法也會造成人或團體之間的爭論）。

3. 目前別境心所的種類（例如：欲心所可引發精進的善心所）。

再生起善、惡或無記性的善心所、煩惱心所與不定心所，以及

身、口、意的行為。而善、煩惱與不定心所總共有四十一種，因為項目相當繁多，所以其說明全部置於附錄一。

心所的種類	心所的性質
1. 善心所，例如不貪、不瞋與不癡心所	善性
2. 煩惱心所，例如貪、瞋與癡心所	惡性或有覆無記性
3. 不定心所，例如悔與眠心所	善性、惡性或無記性

所以，識的心理活動有五種遍行、五種別境、四十一種善、煩惱與不定心所，總共五十一種心所，如下圖所示：

識的功能（假設目前有兩個別境心所）：

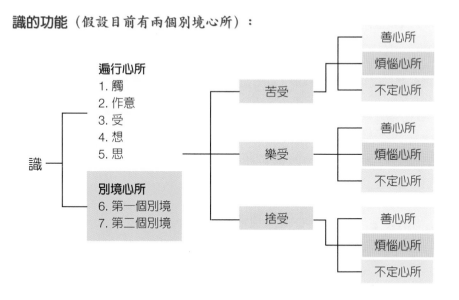

其中只有遍行心所必定產生，其他的心所是否生起，需根據識的種類、境的種類與思心所的意志活動來決定。

根據識所生起的善、煩惱或不定心所的種類，來決定此時的識是善、惡或無記性，這些定義有點像我們講的好心、壞心或平常心，而佛教的解釋如下：

　善性：在現世與來世，對自己╱其他眾生有利益，會得到快樂與解脫輪迴的果報，稱為善性，例如不貪心。

　惡性：惡性也稱為不善性。在現世與來世，對自己╱其他眾生有損害，會得到痛苦與輪迴的果報，名為惡性，例如瞋心。

　無記性：就是非善性、非惡性，不生快樂或痛苦的果報。無記性又分為兩種：

1. 有覆無記性：有覆就是對修行與解脫輪迴會產生障礙；無記是指在未來不會受到苦樂的果報，例如輕微的放逸心。

2. 無覆無記性：對修行與解脫輪迴沒有障礙，未來也不會受到苦樂的果報。

只要不是善、惡與有覆無記性三種心念❼，就屬於無覆無記性，例如日常生活中走路或坐車時，平常的心念。

覆除了是對修行與解脫輪迴有障礙，還有另一種意思，如果心識❽不清淨❾，也就是心識被覆蔽了，也稱為覆。

惡性與有覆無記性的心又稱為染心——染污的心；就果報來講，惡性心當然是比有覆無記性的心來得嚴重。

---

❼心念，某幾個識所生的念頭；一般人能覺知到的心念，只有第六識的「思心所」。

❽心識，心或某幾個識。

❾清淨有兩種意義：1. 能遠離惡行的過失，斷除煩惱的染著；2. 能超脫善、惡，沒有分別對待。

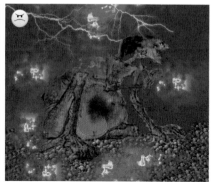

善性心的果報　　　　　　　　　　　惡性心的果報

第四節 ▎ 心的結構與功能

　　如下頁圖所繪，在同一個時間，心的結構包括了前六識、第七識與第八識，而每個識的功能，亦即能夠生起的心所，繪於各識的後面。因爲心念的速度非常快，眾生的八種識與其全部心所，可視爲同時產生，這些將分別於後面的章節敘述。

　　教育家與哲學家有人性本善或本惡之爭，其實只是因爲論者對「人性」的定義，或是對「心」與「識」的分析與界定不相同、不清楚。唯識學則認爲人心的善或惡，是在對境時，由個人的自我意志臨時決定的，而非天生注定，並無絕對的善心或惡心。而且一個人的心含有八種識，在同一時間，每個識的性質是善性或惡性也可能不同。

心的結構與功能：

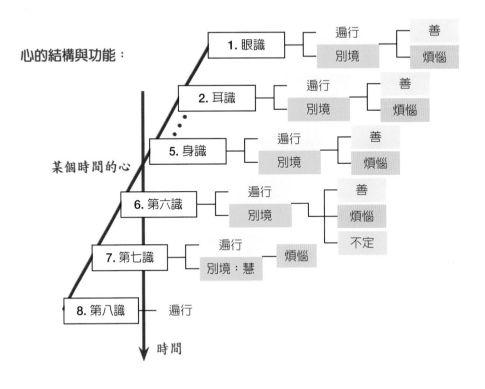

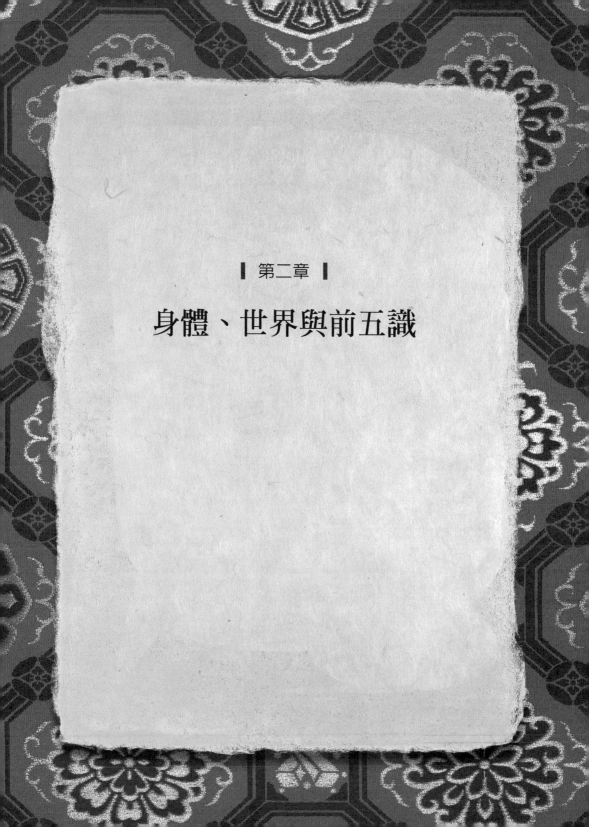

第二章

身體、世界與前五識

　　色法就是自己的身體與五根、其他眾生的身體與五官、以及物質世界。眾生在世界上會遇到無數的境界，然後做出種種的活動，而境界與活動可以歸納為五境，被五根所取得，然後產生前五識，再由第六識將前五識組合與認知成自己心中的境界，所以這裡先將色法與前五識一起描述如下。

第一節 ▍ 身體與世界

　　佛教認為：「色法是由地、水、火與風四種元素組合生成，而且這四種元素周遍法界（周遍法界❶稱為大），所以名為四大元素。它們又位處於空大，也就是周遍於法界的空間，所以將四大再加上空大，就定義成五大。而必須注意的是，空不能產生色法，所以空不是元素。」

地大	堅硬的性質，有承載、覆壓的功能，例如它能支持身體的站立或種種姿勢。
水大	濕潤的性質，有融化、腐朽的功能，如滋潤身體。
火大	溫暖的性質，有成熟、燒毀的功能，如維持身體的體溫。
風大	流動的性質，有增長、摧毀的功能，如使器官運作或身體運動。
空大	即空間，有容納的功能。

❶法界，依是否解脫生死，分為四聖（聲聞、緣覺、菩薩、佛）與六凡（六道眾生）的不同世界，共十法界。

　　第八識的色法種子與增上緣成熟時，會由其所變化出來的四大元素，組合出五根、身體與物質世界。色法種子分成三類：

　　1. 自身的色法種子：能產生自己的身體與五根，這些是自己此生的生命所在。五根包含五官與淨色根，五官是可見的五種感覺器官（含感覺神經）；淨色根是身體內與五官相關的氣與氣脈，是肉眼不可見的。外在世界的種種與五官接觸以後，必須再經由淨色根的轉換，才能產生內心的識，所以只有自身的色法種子才會產生淨色根，以生起自心的前五識。

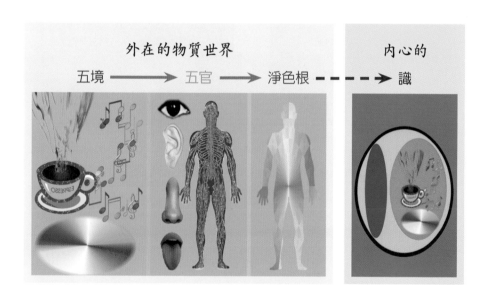

　　2. 身外的色法種子：能產生物質世界，和其他眾生的身體與五官，但未顯現淨色根，因為其他眾生的識不會在自心生起。

　　3. 「相分色」色法種子：例如眼識的相分好像相片，沒有任何改變，將境真實的呈現，所以眼識相分與境的性質完全相同，此時

的相分就由「相分色」色法種子變現出來，所現的相分稱爲性境。
眼識或前五識的相分都只屬於性境。

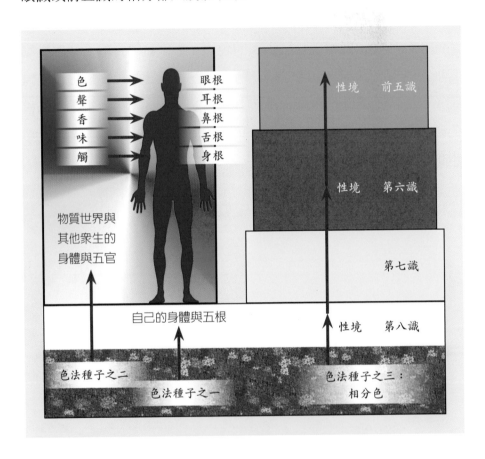

　　爲了維持身體的正常功能，身體會有新陳代謝（Metabolism）
與恆定現象（Homeostasis），是身體爲了維持生命，不需意識思
考就自然產生的功能，所以不屬於善性或惡性，是無覆無記性。
　　物質世界是我們居住的宇宙，包括一切的行星，乃至地球上的
山、大地、河、海洋、季節、氣候、風與植物等等，依照大自然的

法則運行著，一切行為也都屬於無覆無記性。

無情的物質世界沒有思考的心，所做的一切都不屬於善或惡業，即使天災傷害了有情眾生，也不會受到報應。事實上，天災都是來自於眾生以前所做的共業——眾生由思考的心，做出身、口的行為，才能產生善、惡業；而且這些善、惡業在以後產生的果報，還是得由眾生來承受。

每一位眾生的物質世界，都是各由自己的色法種子，因緣成熟而變化出來，所以你、我或他所生活的世界並不是同一個，只是因為我們有相同的共業，因此變化出來的世界類似而已。

物質世界的五境，可由我們的五根所取得。

五根	眼根 ↕	耳根 ↕	鼻根 ↕	舌根 ↕	身根 ↕
五境	色	聲	香	味	觸

五境又稱為五塵或外境，就是色、聲、香、味與觸境：

一、**色境**是眼根所取得的境，是眼識所緣取的對象。色境只是色法其中的一個。色境依照不同的特性，又分為三種：

1. 顯色：明顯易見的特性，即顏色、光影、明暗、煙雲、塵霧與虛空等。

2. 形色：形狀與位置的特性，長短方圓、粗細高下、正不正等。

3.表色：動作的特性，行住坐臥、取捨屈伸等。

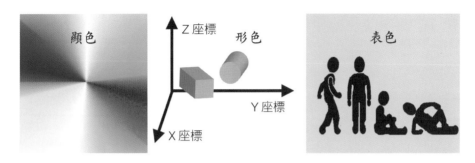

二、**聲境**是耳根所取得的境，是耳識所緣取的對象。根據聲源分為三種：

1.有情的聲音：如人類或動物的口與身體所發出的聲音，譬如歌唱或鼓掌。

2.無情的聲音：如落葉、風聲、水聲、飛機或火車的聲音等。

3.有情與無情共同發出的聲音：如游泳、擊鼓或伐木鑿石等聲音。

三、**香境**是鼻根所取得的境，是鼻識所緣取的對象。依氣味分為三種：

1.好香：好聞的氣味，為鼻根所喜歡。

2.惡香：難聞的氣味，為鼻根所厭惡。

3.平等香：無所謂好或壞，即平常的氣味。

四、**味境**是舌根所取得的境，是舌識所緣取的對象。味有甘、酸、鹹、辛、苦與淡共六種。

五、**觸境**是身根所取得的境，是身識所緣取的對象，可分為兩大類，共二十六種：

　　1.地、水、火、風四大元素是根本的境。身體與世間一切境都由四大元素所構成，四大調和則身體健康，健康的身根對各個元素不太會有特別的觸覺；當某些元素失調時，就會生病，造成異常的觸覺，例如火大過於增盛，會感覺口乾、或關節疼痛等。又修習禪定時，身心漸漸由粗轉細，在定中也會由四大產生一些觸境。

　　2.四大元素再組合成二十二種觸境，輕、重、冷、暖、軟、硬、滑、澀、黏、緩、急、癢、悶、力、劣、渴、饑、飽、瘦、病、老、死；這些觸境可能是在身外／身內，而且「重」、「暖」與「病」等都含括「痛」：

「病」常常會引起「痛」，例如現代人常見的胃痛、頭痛等。在人年紀大，四大衰退時，人感覺到「老」；若地、水、火、風四大逐步消融，在最後，風大消融入識大時，就是呼吸停止，死亡已經來臨；所以「死」的觸境是指以下的四種身體感覺。

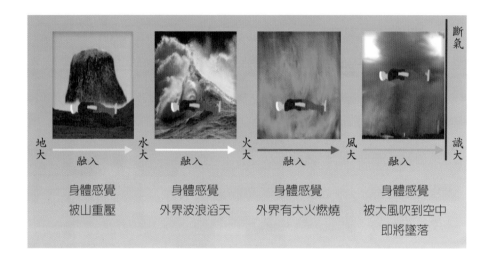

地大 —— 融入 —→ 水大 —— 融入 —→ 火大 —— 融入 —→ 風大 —— 融入 —→ 識大 斷氣

身體感覺 被山重壓　　身體感覺 外界波浪滔天　　身體感覺 外界有大火燃燒　　身體感覺 被大風吹到空中 即將墜落

唯識學中，還有一種特別的色法，不是由四大所組成─在五根沒有接觸到物質世界的五境時，如果第六識分別想像，也會現出色境或聲境等等，因此這種由第六識自己生起的境，歸類為「法處所攝色」，總共有五種：

一、**遍計所執色**：由第六識分別想像，所顯現出來的種種境。

以下四種須在修行時才會顯現，其中的極微色與極迥色，是佛教的觀想方法：

二、**極微色**：觀想有形的物質，將它們分析到極微小的單位而歸空，稱為極微色。

三、**極迴（遠）色**：觀想無形的物質如光明或虛空等，將它們分析到極微小的單位，或觀想到極遠的距離而歸空，稱為極迴色。

四、**定所生色**：在禪定中所現的色、聲或香境等，是以禪定的影響力作為增上緣，引發第八識的色法種子所顯現。

五、**受所引色**：即戒體。佛教的受戒，是在法會中先以身體的動作，與口中持誦經咒與戒條為緣，然後由第六識思心所的薰習力，會在第八識產生防惡發善的種子，也可稱為戒體，是無法以肉眼得見的。

第二節 ▍ 境、根與識

五根取得五境能生出前五識，彼此的關係如下頁圖：

五根有能力取得五境，故五根是「能取」，五境是「所取」，就像樹根（五根）能夠吸取水（五境）。

五識能夠依靠五根而生起，故五識是「能依」，五根是「所依」，如同樹木能依靠樹根而生出。

五識能以五境為「緣」而生起，故五識是「能緣」，五境是「所緣」，就如樹木以水為增上緣而生長。

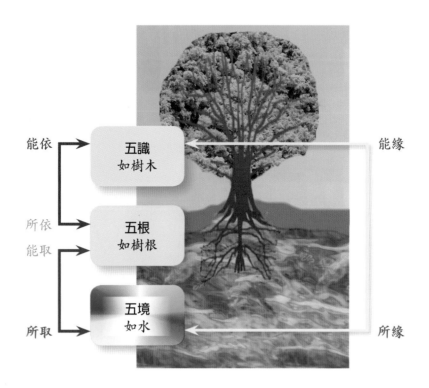

能依　　　　　　五識
　　　　　　　　如樹木　　　　　　　　　　　　　　能緣

所依
能取　　　　　　五根
　　　　　　　　如樹根

所取　　　　　　五境
　　　　　　　　如水　　　　　　　　　　　　　　所緣

　　在觸心所生起時，境、根與識同時存在，此時識包含自證分、見分與相分，而相分也是由種子產生，有因緣變與分別變兩種：

　　1. 因緣變：「相分色」色法種子在因緣成熟時，會變現出與境相同性質（如物理、化學性質）的真實相分，也就是性境。前五識與第八識的相分都是性境；第六識的相分可能是性境或其他。

　　性境的性指真實的性質。在目前的物質世界裡，以真實的色、聲或香境等作為緣，產生識的相分，此相分與境不是同一物，但性質相同，不是由分別或想像而生。例如在動物園看到一條蛇，眼識就現出一條蛇的相分。

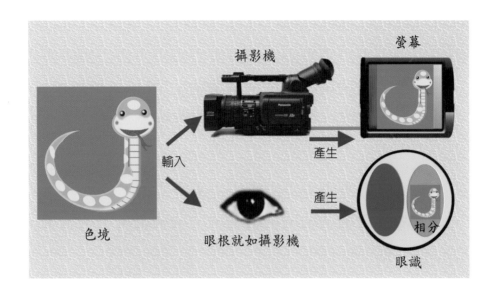

眼識相分如同螢幕的影像，將色境的性質——顏色、形狀、位置與動作等，不做任何變化，如實的顯現，故稱爲性境。

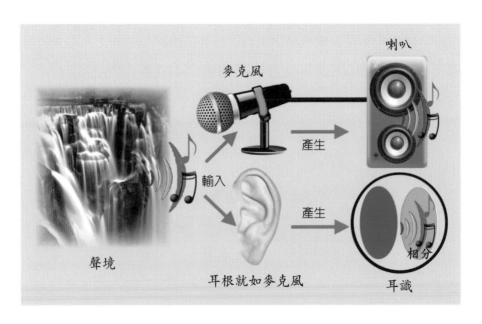

　　耳識相分就如喇叭的聲音，將聲境的性質——響度（loudness）
與音調（pitch）等，不做任何變化，如實的顯現，也是性境。

　　鼻識、舌識與身識的相分也都是性境。

　　在我們做夢或胡思亂想時，雖然沒有用到五根，但好像也會看
到、聽到或……，此時的相分就是分別變。

　　2. 分別變：相分由識的分別與想像所變現，與見分來自於相同
的心法種子。又分為獨影境與帶質境兩類：

　　(1) 獨影境：獨影即獨自生出的影
相；無物質世界的真實境，卻在心中
顯現出相分，只有自己知道，由識的
虛妄分別與想像所生。例如睡覺時，
夢境（屬於第六識）出現一條蛇。

　　(2) 帶質境：帶質即附帶有境的性質；已有顯現的境，但因識的
錯亂，將境的性質改變，現出錯誤的相分。例如怕蛇的人，在光線昏
暗時，因為恐懼心，將草地上的繩子扭曲為蛇（屬於第六識）。

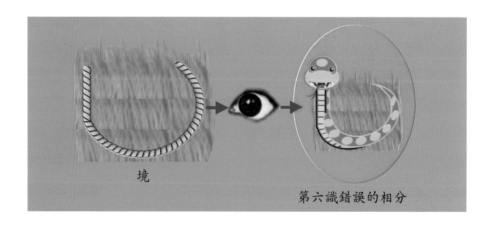

境

第六識錯誤的相分

將以上識的三種相分，整理如下表：

境	識的相分（在觸心所生起）	存在於
有	性境的性質與境相同	前五識、第六識、第八識
無	獨影境由想像而生	第六識
有	帶質境改變了境的性質	第六識、第七識

當識的相分在觸心所形成時，其後任一心所的見分都是緣取同樣的相分。我們每天起床的第一件事，就是本能的睜開眼睛，開始緣取色塵等境：

1. 取得境以後產生識──觸心所；接著是

2. 作意心所；

3. 受心所；

4. 想心所會分別、認識境，在心中產生認知；

5. 有了境的認知，認清楚身在何境，再由思心所做決定，要採取什麼行為。

境的認知是我們行為的依據，雖然正確的認知不一定會使人有好的行為，但錯誤的認知必會造成錯誤的行為。當想心所的見分認識相分（性境、獨影境或帶質境）時，就好像以尺測量身高，見分是能測量的尺，相分是被量的身體，所得到的認知，這裡定義為「量」──量度。

我們心中的量有三種，先以下頁圖簡單說明：

境：如岸上的景像

↓ 沒有改變

認知：如水面倒影

境：今晚是星空

↓ 正確的推理

認知：明天是晴天

境：窗外明亮的月光

↓ 錯誤的認識

認知：現在是白天

再詳細說明三量 —— 現量、比量與非量如下：

1. 現量：對現前的境，直接量度。識單純、直接認識目前的真實境，不起任何分別、思考與想像，也不使用文字或語言，所得到的認知；此即想心所的見分直接認識性境，就如上圖中，岸上的景像（境）與水面倒影（認知）完全相同。

前五識只能有現量。若有一杯現煮咖啡，則前五識的現量如下表。又須注意的是，前五識不懂文字的意義，表內的文字只是方便閱讀使用：

五境	識	現量
	眼識	視覺
	鼻識	嗅覺（咖啡的香味）
	舌識	味覺（咖啡的味道）
	身識	觸覺（熱的感覺）

　　2. 比量：比較、推理所得的量度。識用知識與經驗比較、推理境，而得到正確的認知。這存在於第六識想心所❷的見分認識性境或獨影境時；例如：

境	第六識想心所的推理
看到今晚天空中星月明亮	明天是晴朗的天氣（對未來的認知）
看到許多消防車緊急出動	某地發生火災（對現在的認知）
舌識品嘗咖啡	咖啡豆來自古坑（對過去的認知）

　　以上的推理，如果正確就稱為比量；若推理錯誤即是非量。
　　3. 非量：非即不對，錯誤的量度。識錯誤的認識、比較或推理境，所得到的認知。這存在於想心所的見分認識性境、獨影境或帶

---

❷ 想心所的比量、非量，只是對境簡單的認知；複雜的比量、非量必須依藉思、慧等心所深一層推理而得。

質境時。

　　例如半夜起床，睡意很濃看見明亮的月光，第六識想心所誤認是白天，思心所就令身體起床，準備上班。

　　下表是各種識所能生起的相分與量，前五識與第八識不會分別與思考，認知只是現量；第六識能分別、思考與想像，故包含了以上三量；第七識以第八識的見分為自我，屬於錯誤的認知，故為非量；這些將於以下各章中詳述。

識的相分	量：見分認識相分，所得到的認知
性境	前五識與第八識只能得到現量。 第六識包含三量。
獨影境	第六識能得到比量或非量。
帶質境	帶質境本來就是錯誤的，第六識與第七識只能得到非量。

第三節 ▌ 前五識的生起

　　八種識中，前五識的生起方式類似，故一起說明。第六識命令身體帶著五根，取得現有的五境，而產生前五識。前五識本身無法生起任何分別與想像，它們的相分是性境，認知是現量。例如眼根的作用就好像照相機，拍攝現有的色境，而在底片顯示影像（眼識的相分），眼識自己不能分別影像是黑白、男女、美醜等等。

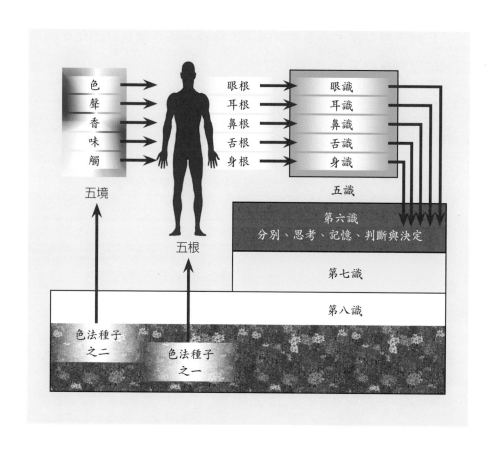

如同《成唯識論》與現代醫學所說的，其實前五識各有極短或幾秒鐘的感覺記憶，但是這些並無重要的作用，所以就說前五識只能緣取現有的五境，不能緣取過去與未來的境。

前五識不需同時都生起，但即使只產生一個識，第六、第七與第八識必須要一起作用，產生的識才能繼續下去。例如到餐廳用餐，一進門就聽到優美的音樂，生起耳識，但是後來食物太好吃，第六識專心在舌識，根本不管耳根聽到什麼，所以耳識的作用就暫停了；又好像熟睡時無夢，第六識不作用，前五識也就無法產生。

　　任何識要生起，必須要有因與三種緣，前五識也是如此。眼識
生起的因與緣如下：

因	1. 又稱種子緣	在第八識需有眼識的種子。
所緣緣	2. 又稱境緣	必須有色境。
增上緣	3. 空緣	空即空間，所緣取的境必須與眼睛保持適當的空間，如果把東西直接貼在眼睛，當然無法看到。
	4. 明緣	要有適當的光明。
	5. 根緣	需有能看的眼根。
	6. 作意緣	作意——第六識驅使眼根注意外境。好像媽媽面前有一群小孩，她最專心注意的是自己的小孩。
	7. 分別依緣	分別依——需依靠第六識的分別作用。 分別之後，第六識要再驅使眼根繼續注意色境，眼根若不取得色境，就不能生眼識。
	8. 染淨依緣	第七識的性質是染污或清淨會影響到前六識，因為第七識是第六識的根，第六識需依第七識才能生起。
	9. 根本依緣	第八識是前七識的根本。
10. 等無間緣		同一識的前念引導後念的生起。

　　由上表可知，即使我們看到同一個境界，因為每個人的因與緣
不同，不同人產生的眼識就不一樣，在各人心中所現的境界也不會
相同。

例如地球上的水，人類看到的是水，天人所見是一片珍寶，魚類所見是自己的家或道路，餓鬼卻只見到膿血。

人所見

天人所見

地球上的水

魚所見

餓鬼所見

耳識、鼻識、舌識與身識的生起，所需的因與緣如下：

		耳識	鼻識	舌識	身識
因	種子緣，第八識需要有	耳識的種子	鼻識的種子	舌識的種子	身識的種子
所緣緣	境緣	聲境	香境	味境	觸境
增上緣	空緣	空間	(不需要空間，要直接接觸才能起作用)		
	明緣	(不需要光明)			
	根緣	耳根	鼻根	舌根	身根
	作意緣	第六識驅使五根注意五境			
	分別依緣	第六識			
	染淨依緣	第七識			
	根本依緣	第八識			
等無間緣		同一識的前念引導後念的生起			

因與緣都是生起色法與心法的要素，事實上，因也可以認為是緣的一種，只是因比其他的緣更重要。

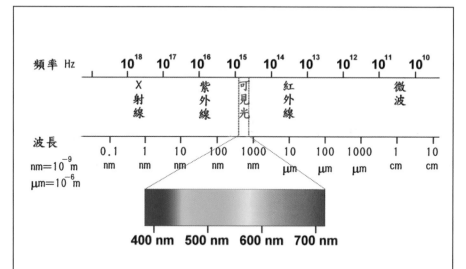

上圖是人眼可見的光波，其波長範圍約在 380 到 780nm；其他生物能見的波長範圍與人類不同，例如蜜蜂能感受 300nm-650nm 波長的光線；因此不同生物雖然處在同一環境，但是因為眼根不同，在心中所現的景色就不相同。

太陽系若從神的眼根來看，就如佛經所講的下圖，日、月是繞著須彌山（太陽系的中心）而轉，地球是須彌山南部一個平面的「南贍部洲」。為什麼人類眼中的地球是圓球狀，而且是繞著太陽運行呢？

這是因為人的眼根、能力與神不同，看出來的世界就不一樣，即使是用目前的科學儀器來測量，結果也是不變。因為科學儀器是由人所做的，是強化人類五官能力的機器，所量測的結果，也是以人的能力與智慧來判別，並不能改變成神的能力與智慧。只有在人具有神通的時候，才會看見神眼中的世界。

一個小世界：	共有 4 層天	無色界天
	共有 18 層天	色界天
	含有 6 層天 與其他五道眾生	欲界

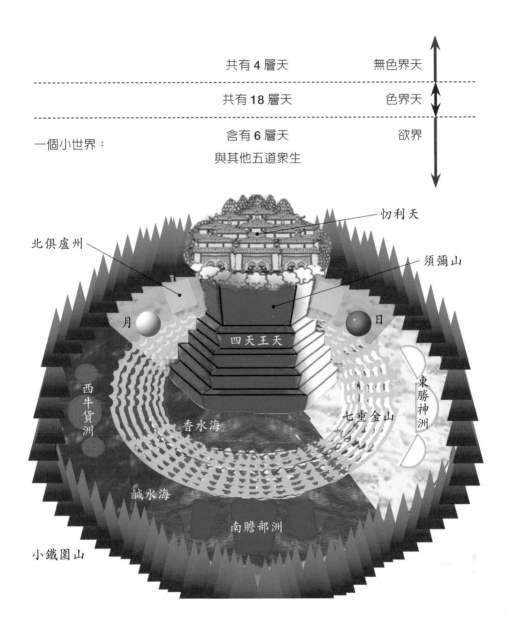

　　佛教從來就不是無神論，其教義是從因緣生滅的觀點，說明萬法並非源自於全知全能、掌權創造與至高無上的神，沒有任何眾生、事或物能夠離開因緣。

　　約三千年前，佛就清楚的說明這個世界有六種眾生，天人也就是人類所稱的神，神的五官和心識能力遠遠超越人類，神的福報與壽命更是無法想像，這也就是人類所謂全能的神。神、人與任何眾生本來都俱足佛性，而且也都會遭受生死輪迴的歷程。

　　人生活在欲界裡，這裡的眾生有種種欲望，由於貪著五境俱足了前五識，眾生分成男、女兩種性別。色界以上的天人就沒有淫欲與食欲；在色界最底下的三層天裡，因為不會用到鼻、舌兩根，所以沒有這兩個識；而色界其餘的十五層天與無色界，天人的前五識都不存在，只有第六識的定中獨頭意識（詳見第三章第一節）；色界的天人還存有殊妙精緻的色身，與壯麗雄偉的宮殿庭院。無色界的天人沒有色身、宮殿、國土與任何物質，是一個只有精神存在的世界。

第四節 ▌ 前五識的功能

　　自主神經控制身體的反射動作，例如眼睛突然被閃光照射，會使人立刻閉起眼睛，手指頭被針刺到、或摸到燙手的火爐，手也會馬上反射縮起，這些動作並不是第六識所控制的，只是身體為了避免受傷害而產生的反射動作，因此無關善性或惡性。而唯識學是強

調去惡行善、了脫生死輪迴的學問，所以反射動作不是唯識學討論的重點。

經由淨色根的轉換作用，物質的五根取得五境的時候，會同時在心中形成前五識，而且五根後續的種種生理活動，也會同步轉換成五識的心理活動，因此五根與五識會有以下同步的活動：

1. 觸：根取得境，而產生識，識的本體包含見分與相分；前五識的相分只有性境，無獨影境或帶質境。同時，前五識的相分也會傳給第六識，作為第六識的境。

2. 作意：根注意境（根被第六識驅使而行動），識的見分也注意相分。

3. 受：根感受境，識的見分感受相分；感受是苦、樂或捨受。因為前五識的感受是由五根的生理反應轉換而來，故唯識學統稱為「身受」，並將第六識的感受叫做「心受」。現代醫學說：「五根的苦受會使交感神經興奮，使身體成為緊張的狀態」。

4. 想：五根繼續作用，識的見分認識相分，形成認知，前五識的認知只有現量，無比量或非量；此認知可用「感覺」來形容：

前五識	眼識	耳識	鼻識	舌識	身識
感覺的種類	視覺	聽覺	嗅覺	味覺	觸覺

5. 思：前五識不會思考，只能依循第六識思心所的決定。

又根據現代心理學：「感覺（sensation）是心理對客觀、現實的個別特性（顏色或聲音等）之反映；當物質世界的物理、化學刺激直接作用在感官時，會在感官內引起神經衝動，再由感覺神經傳

到特定的大腦皮質區，形成感覺，如光線引起視覺，聲波引起聽覺。」（以上有關腦、神經的說明，詳述於附錄二）

各種感覺對應的大腦皮質區略圖

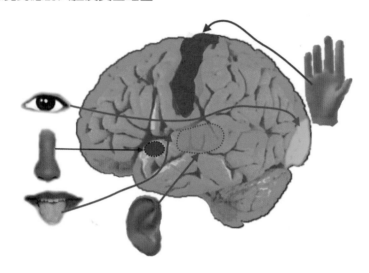

意即心理學所說的感覺，是在第六識的觸心所形成，這與前五識想心所的範疇不同，但是因為第六識觸心所並沒有分別、認知的作用，而且「感覺」和前五識想心所的認知，兩者企圖表達的意思是一樣的，因此為了簡化描述，以下還是使用「感覺」一詞。

前五識緣取境時，每個識的性質需各別由第六識的善、惡或無記性來決定。因為是第六識控制身體的動作，使五根發揮功能，才生起前五識；而且前五識緣取境以後的分別與思考，也是由第六識來執行，所以前五識的性質是善、惡或無記性，前五識自己不能作主。

第六識俱足全部四十一種的善、煩惱與不定心所，而且第六識可以分別、思考……，這些作用前五識都沒有，所以四十一種心所

中，有些心所是前五識不能生起的。

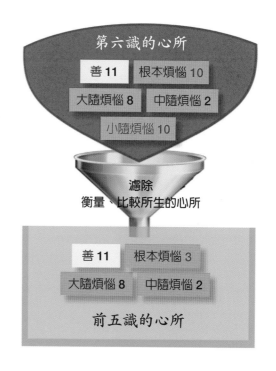

　　根本煩惱的貪、瞋與癡心所，只要由心對境，不用分別，直接就能生起，所以前五識有；慢、疑與惡見心所，需要在衡量、比較以後才能產生，故前五識沒有；而小隨煩惱與不定心所，只存在於第六識。

　　因此除了以上被排除的心所，剩下的前五識都有，列舉如下表：

善（11）	信、慚、愧、無貪、無瞋、無癡、精進、輕安、行捨、不放逸、不害
根本煩惱（3）	貪、瞋、癡
中隨煩惱（2）	無慚、無愧
大隨煩惱（8）	掉舉、昏沉、不信、懈怠、放逸、失念、散亂、不正知

　　下頁圖表示某一個識的生起與其功能——各人的色法與心法種子在因緣成熟時，就現出不同的境、根與識，所以我們這個世界的空間、時間與自己的心，都是識的變現，為因果相續不斷的過程。

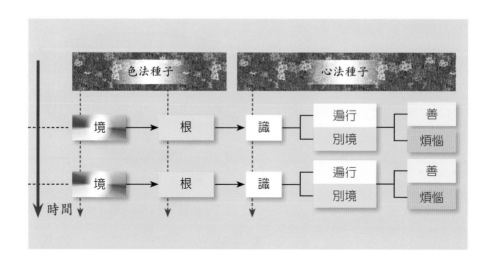

　　舉例介紹前五識中，善與煩惱心所的生起。有甲、乙兩人一起看到災難現場：

　　雖然看到的事物一樣，但甲、乙第六識所生的心念不同，所以眼識的性質相異：

	第六識	眼識
甲	救濟的心是布施，屬於善心所的無貪，性質為善性。	也生起善心所的無貪，性質是善性。
乙	幸災樂禍是不明事理，屬於根本煩惱的癡，性質為惡性。	也生起根本煩惱的癡，性質是惡性。

又在一場歌唱比賽中，優勝者是其貌不揚卻唱得最好的瑪莉：

此時茉蒂的心理是：
眼識看到瑪莉的外表後，第六識生起根本煩惱的慢與癡。
耳識聽到瑪莉的聲音後，第六識生起善心所的慚。（世間法的善）
再由第六識決定前五識的性質：
眼識只有根本煩惱的癡；而第六識生起的慢，眼識無法生起。
耳識有善心所的慚。

第三章

第六識

第一節 ▎第六識的生起

　　人的一生中，作用最明顯的識是第六識，它是心理活動的中心，對世界上種種事物的分別、思考、記憶、判斷與決定，以及喜怒哀樂等情緒、情感的作用，乃至現在看書，或耳朵聽到語言，將文字、語言轉換爲概念，或將概念轉換爲文字、語言，都是第六識的作用。

　　前五識是依色法的五根，緣取物質世界的五境而生。第六識是依心法的第七識爲根，緣取五境與自己生起的境，所產生的相分是性境、獨影境或帶質境，認知是現量、比量或非量。

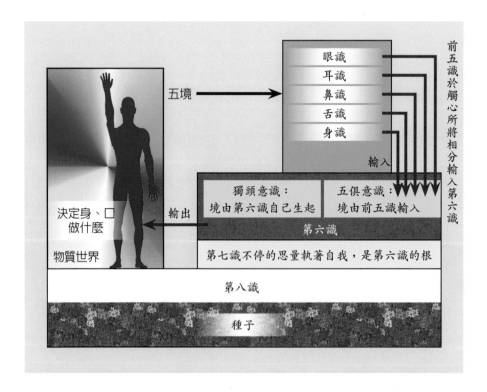

　　根據所緣取境的不同，第六識分爲五俱意識與獨頭意識兩種：

　　1.五俱意識：緣取物質世界的五境。第六識與前五識一起生起，分別、思考……外界的五境；又前五識不需同時生起，若有其中1個、2個乃至5個識生起，此時相對的第六識就稱爲一俱、二俱乃至五俱意識，與眼識同起的稱爲眼俱意識，與耳識同起的稱爲耳俱意識，依此類推。

　　例如我們在海水浴場游泳時，前五識各有其作用：

眼識	看到美麗的海景
耳識	聽到海浪節奏的聲音
鼻識	聞到海風的味道
舌識	有時候會吃到海水的鹹味
身識	體會清涼的海水與溫暖的陽光

　　在前五識俱起時，第六識就稱爲五俱意識；若沒有吃到海水，前五識無舌識時，第六識就稱爲四俱意識。

　　前六識合稱爲「明了辨別外境的識」，而且也只有前六識能在外境中，造作身體與口的善、惡業。第六識在八種識中，分析與判斷境的能力是最顯著的，當我們須要專心接受外境，並配合做出身體的動作時，五俱意識就能主導這一切。

　　例如騎車或上課時，須要專心的看（眼識）與聽（耳識），身體的手或腳也要配合做出動作，此時境、根、識與身體的動作就形成一個循環：

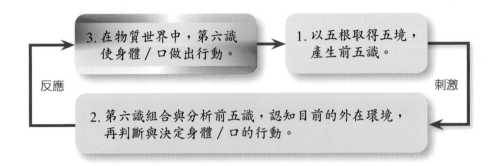

又例如人在走路下山時：

五俱意識初起時，相分是性境，認知是現量；若有了分別心，雖然分別而正確時，認知為比量；但若錯誤的分別，認知就是非量。

其他七個識都只能緣取現有的境，而第六識除了能緣取物質世界現有的五境外，獨頭意識所緣取的境，是由第六識自己變化出來的。

2. 獨頭意識：獨頭指第六識獨自發生，不與前五識同時作用。第六識自己產生法境作爲相分，再由見分起分析、判斷等作用。獨頭意識分爲四種：

(1) 獨散意識：在平常清醒的時候，不緣取外境獨自思想，所生起的第六識，例如追憶過去，想像、籌劃現在或未來。如下圖，當人在電影院，觀賞電影就生起五俱意識，回家時，繼續想電影的劇情，即獨散意識；牛頓在蘋果樹下思考地心引力時，也是獨散意識。

五俱意識

獨散意識

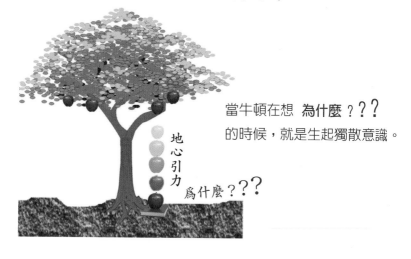

當牛頓在想 **爲什麼**？？？
的時候，就是生起獨散意識。

　　獨散意識的相分與認知，可以是任一種境與量。例如在五俱意識之後，獨散意識剛剛生起，若緣取先前的五境，就屬於性境，不生起分別心就是現量；若產生分別心而開始推理比較，相分就成爲帶質境或獨影境了。

　　(2) 夢中獨頭意識：睡眠時，第六識緣取夢中虛妄想像的境界，相分是獨影境，認知是非量。夢境的出現有兩種因緣：①業力所現：過去所造的業力，現出夢中的種種境界；②他力所使：佛、菩薩、天人或鬼等有強盛的心念，影響做夢者的心識，使生起夢境。

　　(3) 狂亂獨頭意識：精神病患或精神錯亂的人，自言自語，比手畫腳，生活在自己幻想的境界，相分是獨影境，認知是非量。

　　(4) 定中獨頭意識：緣取禪定的境界而生起的第六識，其相分是以定力爲增上緣，從色法種子所生，屬於性境；禪定時沒有分別心，認知屬於現量。但是一般剛剛學習禪定的人，妄想紛飛，不算是定中獨頭意識，屬於獨散意識。

　　法境也稱爲法塵或法處所攝色；獨散、夢中獨頭與狂亂獨頭意識的境，屬於法處所攝色的遍計所執色。

　　色法五塵加上第六識的法塵，即佛教常說的六塵；五根再加第六識的根（即第七識），就是六根。根與境接觸，就能產生識，而第七識是一個以自我爲中心的染污識，因爲根有染污，第六識也就

隨著染污了，因此第六識必先存有自我的執著❶，然後才生起五俱意識與獨頭意識。

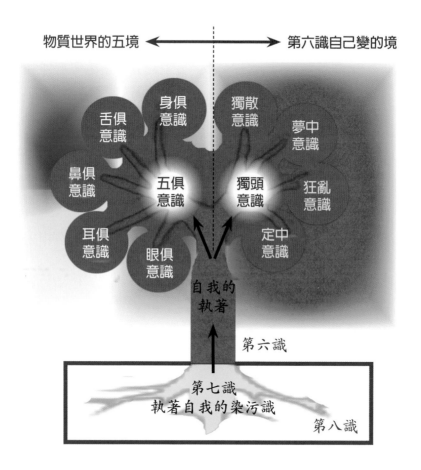

面對外境時，因爲各人具有不同的執著(我執、法執)和業力，所以第六識會形成相異的種種心所，例如

---

❶即「我執」，我執建立在「法執」之上，詳見第五章第三節。

作意心所：某些人會注意此境，而有些人則不會；

受心所：各人感受不同；

想心所：各人各有認知；

思心所：每個人的自我意志必先想到自己的喜惡、利害與得
　　　　　失，然後才判斷、決定，生起善、煩惱等心所與身、
　　　　　口的行動。

　　在高層次的禪定中，可使第六識不起；熟睡時無夢也無第六
識；若受了心理刺激、醉酒或生病等而昏迷不省人事，也不會生起
第六識。

　　我們每天的生活，大多是在五俱意識、獨散意識與夢中獨頭意
識中度過。

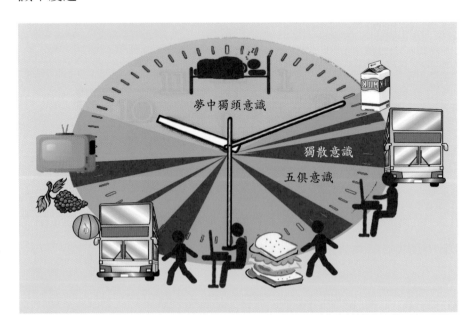

生起第六識的因與緣如下：

因	1. 種子緣	在第八識中，需有第六識的種子。
所緣緣	2. 境緣	必須有外境或法境。
增上緣	3. 作意緣	注意於所緣取的境。
	4. 染淨依緣	即第七識，此處也可說是第六識的根緣。
	5. 根本依緣	第八識是前七識的根本。
等無間緣	6. 同一識的前念引導後念的生起。	

　　第六識有一個其他識沒有的功能，就是它能命令身體產生動作，與口中發出聲音、語言，這是因為第六識可以驅使身體中氣的運行，氣的運行屬風大，以此為增上緣，能使第八識的色法種子，或者說是四大元素產生的身體與口，現出連續動作的相。

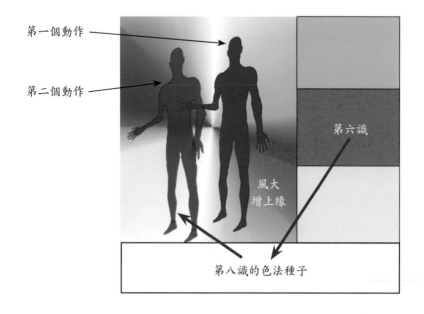

　　眾生從無始以來，所經歷過的心、身體與世界，都會形成記憶，儲存在第八識的種子裡，記憶能被第六識想起作爲法境；但是人類最多只能記憶此生的事物，天人可想起很多世的記憶，菩薩能知億萬個前世，只有佛知道無始以來的事物。

第二節 ▎五俱意識與獨頭意識

　　由於第六識以執著自我的第七識爲根，所以第六識就想在自我之外的物質世界中，緣取現有的外境，以生起五俱意識。

五俱意識

　　第六識的作意心所，必須要注意外境，才會產生五俱意識。而作意心所的生起，來自以下的原因：

　　1. 欲力：欲即希望，對外境生起喜愛的心。

　　2. 念力：念即記憶，覺得曾經認識目前的外境。

　　3. 境界力：覺得所面對的境界相當特殊，起了興趣。

　　4. 數習力：即習慣動作，如晚上就寢前會習慣去檢查門窗。

　　舉例說明眼俱意識的遍行心所。請用手指頭，從下列照片中點出哪一張是櫻花。

A　　　　　　　　　B　　　　　　　　　C

遍行心所生起的步驟是：

1. 當你看到相片的時候，就產生眼識：

 (1) 觸：眼根取相片為境，生起眼識。

 (2) 作意：見分注意相分。

 (3) 受：見分感受相分，產生樂或捨受。

 (4) 想：見分認識相分，形成 ▨▨▨ 的視覺。

 (5) 思：眼識沒有思考的作用。

2. 眼識產生時，同時形成眼俱意識：

 (1) 觸：以眼識相分為境，形成眼俱意識，其相分就如眼識相分。

 (2) 作意：見分注意相分。

 (3) 受：見分感受相分，產生樂或捨受。

 (4) 想：見分認識相分，形成 ▨▨▨ 的知覺❷與概念❸，

---

❷依現代心理學，知覺（perception）是意識對現有的事物整體，形成的主觀認識，是綜合視覺、聽覺等感覺的精神活動。認識會隨個人的態度、學識和經驗而異。

❸概念（concept）是意識以感覺與知覺為基礎，對事物的性質、屬性所生的概括性認識。

再使用語言／文字，認出 A 是蓮花、B 是櫻花、C 是蘭花。

(5) 思：眼俱意識命令手指頭點向 B。

　　在很久以前，東方就有一種讀書方法，利用到五俱意識（或二俱、三俱），來集中注意力與加深記憶。讀書、研究學問時，若能眼睛閱覽，口中讀出聲或默念，又用手寫出文字或公式等，眼、耳、身與口並用，能幫助人專心，而且這些動作都會儲存在記憶裡，這就叫做讀書的四到：

1. 眼到：眼識閱讀書中的字。
2. 口到：以五俱意識使口出聲或默讀文字，幫助自己集中注意力。
3. 耳到：若出聲閱讀，耳根需專心聽到。
4. 手到：以五俱意識使手劃線、作筆記與整理重點，能幫助人融會貫通。

獨散意識

　　一般人的內心都是隨境而轉，好像逛街一樣漫無目標，隨著外境而起心動念，因此五遍行是以觸為先，再生起作意、受……。

　　若第六識要以想像或過去的回憶等，作為緣取的境，此時的境需由自己生起，故觸與作意必須互換，五遍行是以作意為先，再生起觸、受……。

　　例如以自己內心的某個記憶為境時，其五遍行如下：

　　1. 作意：以第七識的自我為根，使具記憶的心法種子，準備好生起作用。

2. 觸：生起獨散意識，記憶作為第六識的相分。

3. 受：見分感受相分，產生苦、樂或捨受。

4. 想：見分認識相分，形成意象 ❹，可能會再以文字／語言加以形容。

5. 思：思量善、惡或不定等事，決定要做什麼，再付諸行動。

舉例說明記憶的生起流程。請選出下圖中你最喜歡的風景畫，然後眼睛閉起來，在心中回想它的樣子。

此時眼睛已閉起來，心中回想是獨散意識：

(1) 作意：使具風景畫記憶的心法種子準備好。

(2) 觸：生起獨散意識，風景畫為相分。

(3) 受：對相分產生樂或捨受。

(4) 想：見分認識相分，形成意象。

(5) 思：回想結束，使眼睛張開，繼續往下看⋯⋯。

---

❹ 依現代心理學，意象（imagery）也稱心象（mental image），指事物沒有顯現在面前時，意識出現該事物的形象；意象可以是過去或未來的事物。

定中獨頭意識

已能入定的人，若還未入「解脫定」，不能解脫生死輪迴，定中獨頭意識所現出的種種境——菩薩或光明等等，可能會讓人執著，認為所見到的境是真實、殊勝的，這就會產生毛病，障礙修行人到「解脫定」。

關於定中獨頭意識，在西藏東部有一個有趣的故事：

有一位喇嘛，某一天他在定中看見一隻蜘蛛，剛開始時，蜘蛛看起來很小，後來越變越大，而且只要入定的時候蜘蛛就來，本來離他有四、五呎遠，後來越靠越近，張開大嘴就要咬他，讓喇嘛感到非常的恐怖。

於是他就念咒想要降伏蜘蛛，但是毫無作用！後來又修慈悲觀，想以菩提心來超度這隻冤親債主，但蜘蛛還是一直出現。他非常困惱，只好求助他的師父，師父問他說：「你現在打算怎麼做呢？」

如果在定中，起了任何散亂的念頭，即出定。

他說：「等明天蜘蛛再出現，我要用刀把牠殺死！」師父說：「你先不要急著這樣做，等明天蜘蛛出現了，你用筆在牠的肚子上

畫一個十字，後天再殺死牠也不遲。」

他遵照師父的話，拿一枝筆在身邊，等入定時，蜘蛛又出現了，就用筆在牠的肚子上畫了一個十字，然後他就跑去跟師父說：「已經照辦了。」

師父說：「把你的衣服掀起來，看看你的肚皮上是什麼東西？」

他脫下衣服一看，原來自己的肚皮上有一個十字！

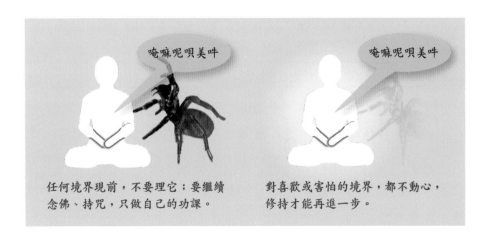

任何境界現前，不要理它；要繼續念佛、持咒，只做自己的功課。

對喜歡或害怕的境界，都不動心，修持才能再進一步。

修禪定的人所經驗到的境界非常的多，應以慧心所觀照，知道一切都是幻相，不可執著而誤認是真實的，喜歡或恐怖的境界都必須不取不捨，繼續修自己的功課，才能再有進步。

第三節 ▌ 第六識的功能

八個識中，第六識的作用最強烈明顯，可以生起全部的五十一個心所：

遍行 (5)	觸、作意、受、想、思
別境 (5)	欲、勝解、念、定、慧
善 (11)	信、慚、愧、無貪、無瞋、無癡、精進、輕安、行捨、不放逸、不害
根本煩惱 (6)	貪、瞋、癡、慢、疑、惡見
隨煩惱 (20)	忿、恨、惱、覆、嫉、慳、誑、諂、害、憍、無慚、無愧、掉舉、昏沉、不信、懈怠、放逸、失念、散亂、不正知
不定 (4)	悔、眠、尋、伺

　　前五識各緣取所對的境，各個境可能是逆境、順境或俱非，不一定會相同，所以每個識產生的苦、樂或捨受就不一樣，連帶著就使負責分別與思考的五俱意識，其受心所可能同時產生苦、樂與捨受，在思心所或許一起生起善、煩惱等心所。

　　而第六識的性質是由思心所決定：

第六識思心所產生的心所	第六識的性質
1. 信、慚等某幾個善心所	善性
2. 煩惱心所	惡性或有覆無記性
3. 不定心所	善性、惡性或無記性

例如右方的人在雪地生火時：

前五識的受心所；想心所	五俱意識的受心所❺；思心所
耳識　捨受；火聲的聽覺	捨受；對聲音覺得無關緊要，所以生起無記性的心念
鼻識　苦受；煙味的嗅覺	苦受；對嗆鼻的煙味，生氣厭惡，起了惡性的瞋心所
身識　樂受；溫暖的觸覺	樂受；對火的溫暖覺得很舒服，若願意讓人一起烤火，即生起善性的無貪心所（布施）

　　思心所支配身體與口的行為，此時身體（包含五根）所做是身業，口中所講是口業，而思心所決定生起的善、煩惱等心所就屬於意業。

---

❺與眼識、耳識……或身識相應而生的第六識，兩者的感受不一定會相同，因為前五識的感受是客觀生理反應，而第六識的感受為主觀心理反應。

佛教中，身、口與意業可簡單列出以下十種善行，稱為十善：

身的善行	
1. 不殺生	不損傷、殺害自己與眾生的生命。進而救護眾生的生命。
2. 不偷盜	不偷竊、強盜或以非法的行為，取得眾生的所愛與財產。進而救濟與布施眾生。
3. 不邪淫	只與自己的配偶同房。進而不淫。
口的善行	
4. 不妄言	不說謊話騙人。進而說誠實的話。
5. 不兩舌	不說挑撥離間的話。進而說調解紛爭的話。
6. 不惡口	不辱罵人或說重話。進而說柔和、使人安定的話。
7. 不綺語	不說浮誇與諂媚人的話。進而說實在的話。
意的善行——善心所的 (8) 無貪、(9) 無瞋與 (10) 無癡。	

　　佛教的五戒就是以上的不殺生、不偷盜、不邪淫與不妄語（包含 4～7 項），再加上不飲酒；與十善的行為相反，即為十惡。要注意的是，身體與口的善行，必須要配合善的意業，才能得到世間與出世間真正的利益，否則所得善的果報很少，最多也只是人天的福報而已。

　　在這個世間，眾生常常是遇到清淨的環境就起善心，遇到惡劣的環境就生惡心，雖然我們此生所遭遇的人、事與物，大多是由自己前生的業力所現，是很難避免的，但現在要行善或行惡，完全由自己的意志來決定！

　　例如學佛的人，為了使自己與眾生離苦得樂，第六識的別境心所可以時時生起，長久而不變，直至成佛，此時五別境的內容是：

　　欲：即發起菩提心，希望自己與眾生得到安樂，可以了脫生死與成佛，因此每天精進修行正法，救度眾生。

　　例如：地藏菩薩所發的菩提大願：「地獄不空，誓不成佛！」

大願　地藏菩薩

　　勝解：內心對佛法有堅定的理解，相信佛法是自利利人的唯一真理，不會被任何人、事與物改變。

　　念：對自己修行的法門，例如念佛、持咒，明白記憶而不忘，一次又一次的憶持練習曾經學習過的法門。當念的力量堅固時，內心能專注在所修行的法門，就能成就禪定。

　　定：即禪定，定能再引生智慧。

　　例如：廣欽老和尚為了自度度人，在台北碧霄岩閉關 13 年，就是對佛法有堅定的勝解，老實修行，念佛禪定，曾經入定 4 個月，弘一大師讚歎說：「此種定境，古來大德亦屬少有。」

　　慧：即智慧，以智慧斷除心中的疑惑，能生起信心。定能夠引生慧，而慧能保護定，兩者相輔相成。

　　藏傳佛教的宗喀巴大師曾對定與慧，作過一個說明，就如下圖：

人在黑暗（無明）中，看不清諸法實相。

諸法實相

智慧：好像燭火的
光明能照亮黑暗，
見到諸法實相。

風一吹（妄念）
就使燭火晃動
無法看清楚。

定：如屏風把風遮住，使
心中無妄念，光明穩定。

關於第六識遍行與別境心所的生起，有一個故事：

很多宗教都說：「在壽命結束時，造惡業的人會看到鬼或冤仇來迎接、討債。」

唐朝有一位殺牛的屠夫，臨終的時候見到很多頭牛來討命，用角挑他的眼、刺他的胸。此時他的神識還清楚不迷惑，就對妻子大叫說：「牛來給我討命了，快請僧人來救我！」

僧人到了他家，對他開示《觀無量壽經》上的話：「若人臨終，至心稱念『阿彌陀佛』，就能往生淨土，免除一切痛苦。」

他聽了以後，就趕緊念：「阿彌陀佛、阿彌陀佛……」，還念不到十聲，他就說：「阿彌陀佛來了！還給我寶座。」

屠夫就這樣往生了。

但往生有這麼容易嗎？

這是他有善根，能在臨終時保持清醒，還有善知識及時幫助提醒他；又因為他快死了，無依無靠，眼前也有很多牛來索命，因此他求佛幫助的心非常懇切真誠；並不是每個人臨終都這麼有福報的！

想要往生淨土，最保險的是平常就要行善念佛。

在這短短幾十秒或幾分鐘，他生起的第六識大概可以分成三個階段：

一、剛聽到僧人開示 ——「若人臨終，至心稱念『阿彌陀佛』，就能往生淨土，免除一切痛苦。」

1. 觸：以耳識的「僧人開示」為境，第六識生起耳俱意識。

2. 作意：注意耳識。

3. 受：耳俱意識產生樂或捨受。

4.想：對「僧人開示」產生概念。

5.思心所判斷「僧人開示」是救命仙丹，就令口中念佛，同時也產生兩種別境心所：

欲心所	希望往生西方極樂世界
念心所	念心所使屠夫不斷的念佛

二、不斷的念佛：在此階段，一直重複以下的步驟 1.～ 5.，直到阿彌陀佛持寶座，現前接引。

1.作意：使心法種子準備好，以生起作用。

2.觸：佛號「阿彌陀佛」為境，第六識生起獨散意識。

3.受：產生樂或捨受。

4.想：對佛號「阿彌陀佛」形成概念。

5.思心所與以下的別境心所，使口中不斷的念佛。

欲心所	希望往生西方極樂世界
念心所	念心所使屠夫不斷的念佛

三、阿彌陀佛持寶座，現前接引：

以阿彌陀佛的願力，與先前念佛的功德力為增上緣，感得阿彌陀佛現前接引，屠夫的思心所決定跟隨阿彌陀佛往生淨土。

阿彌陀佛相好莊嚴，眷屬圍繞，景物瑰麗，呈現出極樂淨土的繽紛樣貌。

第四章

第七識

第一節 ▎第七識的生起

　　在生命的過程中，第七識同時為第六識與第八識的根；但是第七識不像前六識會在物質世界緣取外境，它以內心的第八識見分為境，產生相分，恆常的緣取與審查思量，誤認這是自我，而且由下表可知，第七識的恆審思量遠勝其他識，故亦稱為「末那識」（梵名Manas），譯為「思量識」。

	是否恆常的作用	是否能審查思量
前五識	否	否
第六識	否	是
第七識	是	是
第八識	是	否

　　眾生會一直投生轉世，是第七識與生俱來的自我執著驅使的；而投生後，第七識又使第六識執著眾生有形的生命體也是自我，因為有自我，就會希望接觸並取得在自我生命體之外的種種物質，因此第七識會促成兩種現象發生：

　　1.第八識依第七識為根，由色法種子產生此生的五根、身體與世界。

　　2.第六識依第七識為根，支配身體與五根在世界上逐取五境，再由前六識對世界的種種，生出分別、思考……，造作身、口與意的行為。

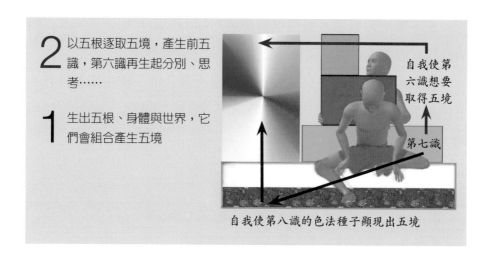

2 以五根逐取五境，產生前五識，第六識再生起分別、思考……

1 生出五根、身體與世界，它們會組合產生五境

自我使第六識想要取得五境

第七識

自我使第八識的色法種子顯現出五境

第七識的境、根與認知如下：

境： 第七識以第八識見分為緣取的境，而第七、第八識是兩種不同的心理作用：恆常貪戀執著、永不審查思量，故第七識心理緣取第八識心理時，就彷彿是以小人之心，度君子之腹，第七識所生的相分不是與境同性質的性境，又因為有境的存在，所以也非獨影境，其產生的相分屬於帶質境。

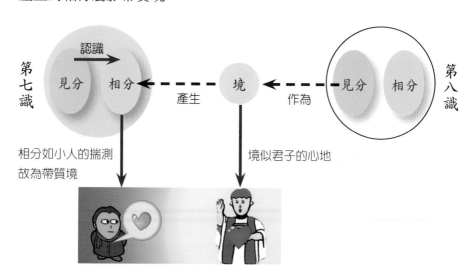

第七識　認識→　見分　相分　←產生　境　←作為　見分　相分　第八識

相分如小人的揣測故為帶質境

境似君子的心地

　　根：第七識與第八識爲俱有依，亦即兩個識互相依靠，互以對方爲根；因此這兩個識只有一起存在時，才能起作用。

　　認知：第七識的見分又誤認相分是恆常、唯一與主宰的自我，不停的審查思量，故相分已是帶質境，見分又再誤認，如此一錯再錯，是錯誤的認知，屬於非量。

　　生起第七識的因與緣如下：

因	1. 又稱種子緣	在第八識中，需有第七識的種子。
所緣緣	2. 又稱境緣	以第八識的見分為境。
增上緣	3. 作意緣	第七識不斷的注意所緣取的境。
	4. 根本依緣	第八識是前七識的根本；這裡也可說是根緣。
等無間緣	5. 同一識的前念引導後念的生起。	

第二節 ▎第七識的功能

第七識的功能如下：

遍行心所：		
觸	以第八識為根，第七識永遠不變的只緣取第八識的見分為境。	
作意	專注不捨於境。	
受	因為緣取不變的境，所以只有捨受，沒有苦、樂兩種會變異的受。	捨受 — 四種根本煩惱：貪、癡、慢、我見 八個大隨煩惱
想	見分認識相分，形成法、我的認知。	
思	與染慧一起作用，審查思量法、我的認知，生起右表所列的煩惱，產生俱生法執、俱生我執（各見第六章第一節、第五章第三節）。	
五別境心所	只有「染慧」。	

五別境心所只有慧心所，解釋如下：

1.欲是希望實現所喜愛的境，而第七識只是不斷的執取同一種境，沒有任何希望或失望，所以無欲心所。

2.勝解是判斷「決定境」，再產生見解；而第七識的境堅持不變，不須做任何判斷，故無勝解心所。

3.念是記憶曾經歷過的境，而第七識只緣取現有的境，無法記憶過去，沒有念心所。

4.定是專心一境，第七識不停的緣取第八識的見分，而見分俱足五遍行，並非一境，因此無定心所。

5.第七識有慧心所，以染污的慧分別計度，生起俱生我、法二執。

　　第七識雖然不緣取外境,但生來就俱有四種根本煩惱,
並且恆常生起,所以又稱為染污識:

我癡:不明白萬法都是因緣所現,不能理解無我的真理;此
　　　與我見互相呼應。

我見:即根本煩惱的身見。迷惑執著第八識的見分,就是真
　　　實不變的「我」。

我愛:為根本煩惱的貪。有我見之後,就深生貪戀、不捨
　　　「我」的一切。

我慢:即根本煩惱的慢。由於貪戀自我,就時時以自我為中
　　　心,令心高舉、自尊自大。

我癡如有色的頭盔,使人看不
到、不了解世間的真相。

我見就是在任何跟我有關聯的人、事
與物之前,都加上「我的」兩字。

第七識沒有瞋、疑、邊見、邪見、見取見與戒禁取見六種根本煩惱，因為第七識不斷的緣取第八識見分為境，從不認為它是逆心的，故無瞋的生起，而且第七識以境為自我，當然不會瞋恨自我；第七識緣取同一種境為我，從未猶疑不決，因此疑不會生起；我見是眾生本來就有的，而邪見、見取見、戒禁取見須經由後天的學習才有，而第七識不緣取、學習外境，故無此三種惡見；或常或斷的邊見是在我見之後形成，但第七識的我見從未停止，所以跟我見同屬於染「慧」的邊見就無法生起了。

第七識堅持四種根本煩惱，前後一致，無任何變化，因此不會與十一個善心所相應；而且因為有四種根本煩惱，就帶動了八個大隨煩惱的生起。眾生只有修行成就時，才能將第七識轉化為智慧。

第七識也無四個不定心所，由於它只緣取現有的境，不會對過去的事覺得後悔，故無悔心所；在生命的過程裡，它從不停止或中斷休息，所以無眠心所；無始以來它只做同一件事，不會對其他的境尋求、審察，故無尋與伺心所。

一般人不會察覺第七識的存在，但它讓眾生無論在清醒、睡覺或昏迷時，隨時隨地都有一個「我」的存在，前六識起的任何心念，都是以「我」為中心，處在有一個「我」能造作的心態之下，所以第七識雖然自己不在物質世界造作善、惡業，不屬於善、惡性，但它執著有一個自我，覆蔽、染污了前六識，使前六識不清淨，因此屬於有覆無記性。

綠度母（即　南海觀世音菩薩）心咒：

唵ㄨㄥ　達ㄉㄚ　唎ㄌㄧㄝ　都ㄉㄨ　達ㄉㄚ　唎ㄌㄧㄝ　都ㄉㄨ　唎ㄌㄧㄝ　梭ㄙㄨㄛ　哈ㄏㄚ

第五章

第八識

第一節 ▍第八識

第八識從無始以來就存在著，即使是身體死亡，它的功能也不會停止。在宇宙中，不論凡聖的第八識都有下列的作用，依作用不同有四種異名：

- 簡稱第八識爲「心」，一切法熏習的種子都積集在其中；
- 阿陀那 (梵名 Adana)，譯爲「執持」，能夠執持一切法的種子，使不失壞；執受色根及根所依的身體，令生覺受；執取中陰身去投胎受生，使其生死相續。
- 所知依，能爲染、淨所知諸法的依止；
- 種子識，能普遍任持世間、出世間法的種子，而生諸法。

當緣俱足時，第八識就使種子產生色法與心法，它的境、根與認知爲：

境： 第八識緣取三種實有的境：1. 種子；2. 根身 —— 五根與其所在的身體；3. 物質世界。所生的相分都是性境。

根： 第八識與第七識爲俱有依，兩個識互以對方爲根。

認知： 第八識不會分別與想像，認知爲現量。

第八識不停的作用，卻不會審查思量，與第六識一樣依第七識爲根，但是第八識緣取世界、身體與五根爲境的深廣，卻遠遠的超過前六識也能緣取世界、身體與五官爲境：

我們的五根取得自身附近的五境，生出前五識，五俱意識再將其組合、認知成各人心中的世界，結果因人而異，屬於帶質境，這就好像盲人摸象，純粹是由自心組合想像而成；而且人類的五俱意識會中斷，也無法超出人類的知識範圍。

　　第八識永遠不停的緣取境，這個境是不可見的種子，以及剛從種子所變化出的氣、氣脈、量子、分子、生物、天地山河乃至無窮宇宙，從微至巨無一不緣取，一切境的生起與變化，任何眾生的第八識都能知曉。

　　所以，人類無法測知第八識的心理活動。目前人類以科學方法得到的知識，只是前六識的分別與認知，是從經驗推測的宇宙萬有實體，這個實體只能算是第六識所緣取、想像的帶質境，與比量計度的獨影境而已。

第二節 ▎ 第八識的功能

　　第八識的功能最簡單，只有五遍行心所，無別境、善、煩惱心所，因為：

　　1. 欲是希望所愛樂的事實現，而第八識是任隨業力顯現諸法，並沒有任何希望。

　　2. 勝解是判斷決定境，堅持不變的見解，而第八識蒙昧不明事理，無判斷與堅持。

　　3. 念是明記曾經歷的事，但第八識昧闇劣弱，無法明記。

　　4. 定是令心專注一境，而第八識念念生滅、前後變異。

　　5. 慧是簡擇得失之事，而第八識幽隱不明，不能簡擇。

　　因此第八識不與別境心所相應。又第八識執持萬法的種子，而

種子有善、惡與無記性三種，第八識如果性善就不能容納惡種子，反之亦然，故第八識不與善、煩惱心所相應，本身必須是無覆無記性，才能執持各種種子。且第八識的心理活動非常微細、難以形容，只知其作用是前後一致、永不中斷，所以受心所僅與捨受相應。

觸	緣取種子、根身與世界為境，產生第八識。
作意	注意於所緣取的境，永不停止。
受	捨受。
想	見分認識相分。
思	第八識不會審查思量。

第八識除了把種子、根身與世界當作境，對它們還有三個已知的作用：

1. 儲存萬法的種子，使種子永遠不會失去、損壞或變化。

2. 維持根身的生理功能，使生命體在此生得以繼續。

3. 維持物質世界，使世界在此生不斷的顯現。

雖然世界與根身皆由色法種子所生，但第八識攝持種子與根身當作是自己的本體，卻以世界為自己本體之外的外境；為什麼會有本體與外境的差別？其原因是：

因為沒有種子，就不能產生第八識；而根身嚴重損壞時，會使眾生的生命停止，第八識此生的功能就須結束，所以根身與種子跟第八識是安危與共。世界上其他物質的存滅，並不會立即影響第八識在此生的延續，故有如此的差別。

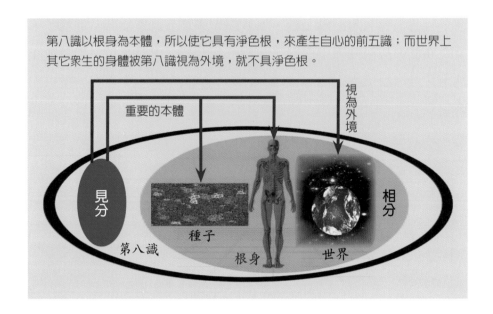

第八識以根身為本體，所以使它具有淨色根，來產生自心的前五識；而世界上其它眾生的身體被第八識視為外境，就不具淨色根。

生起第八識的因與緣如下：

因	1. 又稱種子緣	需有產生第八識的種子。
所緣緣	2. 又稱境緣	以種子、根身與世界為境。
增上緣	3. 根緣	以第七識為俱有依。在生命繼續時，第七識與第八識互相依靠並存，缺一不可。
	4. 作意緣	注意於所緣取的境。
等無間緣	5. 同一識的前念引導後念的生起。	

以上就大概介紹了八種識；而佛陀說法時，會以不同的法門來教化不同根器的眾生，其中五蘊的教法與唯識學所說的色法與心法是類似的：

蘊即積聚，積聚許多相同性質、相同系列的事、物或心理活動，歸納成一類，就稱為蘊。五蘊就是色蘊、受蘊、想蘊、行蘊與識蘊：

1. 色蘊：即五根、身體與物質世界，與唯識學的色法是一樣的。

2. 受蘊：感受境而生起苦、樂或捨受的作用，能讓人對境產生分離、聚合、非離非合的欲望。廣義的說，受蘊是唯識學五遍行心所的受心所。

3. 想蘊：可分別與認識所緣取的境，形成感覺、知覺與概念等等的作用。廣義來講，想蘊即五遍行心所的想心所。

4. 行蘊：意志造作的作用，包括在思想上決定與支配行為的各種因素。廣義的說，行蘊包含五遍行心所的觸、作意與思心所、五個別境心所、十一個善心所、二十六個煩惱心所與四個不定心所等等❶。

5. 識蘊：即前六識。廣義則包含八種識。

再將西方哲學對照到八種識，可得到以下的關係：

1. 知識論（Epistemology）：探討知識的本質、起源和範圍，即前六識的作用。五根對世界上的五境生起前五識，再由第六識做統合……，就能得到知識。

2. 宇宙論（Cosmology）：探討宇宙的本體是什麼，宇宙萬有的起源，以及人類的自由和惡的起源，牽涉到科學、哲學、神秘學以及宗教，此即第七識與第八識的作用，但是西方哲學並不知道有這兩種識的存在。

---

❶ 還含括時間、空間方位……共二十四種「心不相應行法」，見附錄三第二節。

第三節 ┃ 在第八識的種子

　　儲藏在第八識的種子能產生八種識與色法，而身、口與前七識在世界上造作的善、惡與無記業，又會薰習第八識產生新的種子，再積聚在第八識中，如此輾轉相生，就造成生死的輪迴。

　　佛性是平等的，但眾生的心不能住於佛性的平等之中，無始以來就有分別、對立，將心、身與世界執著的分別，而成對立的兩個部分：一個是能取得的；一個是所取得的（「取得」也可以改成「分別」、「認識」等等）。

　　例如眾生的身與心的行為，隨時都有能、所的對立：

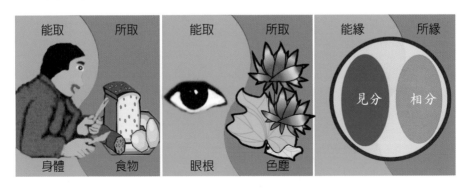

　　在能所對立之下，認識、思考，然後取捨，又造作新的心法與色法種子儲存在第八識中。若以產生的原因來分類，種子可以分為名言種子、我執種子與業種子三類：

　　一、名言種子：名言即名稱言詞，能詮釋諸法，故以「名言種子」表能生起一切「有為法」（見附錄三第二節）的主因。先以想心所的名言說明：眾生的思考由概念、意象組成，概念、意象的表達需借助

符號（symbol），而符號的種類包含文字、語言、表情、肢體動作、聲音（例如嬰兒、動物的叫聲）與實體物（例如十字架、旗幟）等。

　　現代心理學定義的感覺、知覺、概念與意象，都屬於見分認識相分後所形成的認知，是顯境名言的一種。表達顯境名言的符號，唯識學稱為表義名言。

　　在世界上，我們認識、思考任何境界的時候，一定會使用這兩種名言，所以名言包含了宇宙萬有。由於經常的生起與執著名言是真實，就會熏習第八識產生新的名言種子，在將來又使眾生的心識與其心所現出種種的名言，對它執迷不捨，因此名言種子是眾生愛戀世界，墮落生死輪迴的因。

　　1. 顯境名言：前七識與其心所，都能了別所緣取境，其見分對境的詮釋，就稱為顯境名言。

　　例如現在的境是 🍎，第六識依序產生

(1) 觸心所 (2) 作意心所 (3) 受心所

(4) 想心所：① 見分認識相分

　　　　　　② 形成概念——顯境名言

　　　　　　③ 以表義名言——文字「蘋果」形容

(5) 思心所，思考我要做什麼。思考須由許多概念組成，例如思考「我要吃蘋果」，由四個概念組成：

我	要	吃	蘋果
自我的概念	意願的概念	動作的概念	水果的概念

又作意心所的注意、受心所的感受、與思心所的意志等等，都是見分對境的詮釋，屬於顯境名言。

2.表義名言：表達概念、意象的符號，是眾生共同的定義，只有第六識能使用。當眾生看到、聽到或想到表義名言，第六識就能在心中形成概念。例如我們看到「蘋果」兩個字時，心中就知道它的含意，也就是概念已經形成了。

第六識擅長以表義名言去定義各種的境，再以所定義的表義名言去思考、分別過去、現在或未來的各種境界。人類的世間智慧比其他動物高，就是因為表義名言的深廣，能用來表達概念、意象，學習彼此的經驗與知識。在入定時沒有分別心，就只有顯境名言而無表義名言。

二、**我執種子**：是眾生墮落生死輪迴的增上緣。

我執的源頭是第七識，因為它不停的執著、誤認有一個真實的「我」，就產生了分別與俱生我執，這兩種我執發生作用時（能影響見分），就會再產生我執種子：

1.分別我執：受外在、後天環境影響，學習不正確教法所說的「我相」，或所定義的五蘊，再經第六識錯誤分別、執著為真實的自我，是第六識才有的。

2.俱生我執：從無始以來就存在與作用著，所以稱為俱生。依作用延續的時間又分為兩類：

(1) 相續不停：第七識緣取第八識的見分，執著它是真實的自我，而不停的生起我執，這只存在於第七識。

(2) 有間斷：第六識依染污的第七識為根，緣取此生第八識種子所變現的五蘊，執著其全體或某些部分就是真實的自我。簡略說明如下：

- 色蘊：身體是我。
- 受蘊：能夠感受外境的功能是我。
- 想蘊：能夠認識外境、形成認知與使用語言的功能是我。
- 行蘊：能夠思考、判斷、決定與控制行為的功能是我。
- 識蘊：可以產生以上一切現象與活動的精神主體是我。

由於受這個有間斷的我執影響，任何眾生的第六識，不論何時何地，必先根據其中某幾個自我的執著，才產生五俱意識、獨頭意識與身、口的行為。而世界上有眾多的哲學家與宗教家，卻只有佛教導我們：「放下我執，才能解脫一切的痛苦，得到永遠的快樂。」

例如，色蘊：誤認身體、外貌是我。

我很強壯　　　我變老了　　　我很美麗

受蘊：誤認能夠感受五境的功能是我。

我喜歡大吃大喝　　　我喜歡到處旅行

想蘊：誤認能夠形成認知與使用語言／聲音的功能是我。

行蘊：誤認能夠決定與控制行為的功能是我。

識蘊：誤認能緣慮過去、現在、未來三世的第六識是我。例如，無色界中，識無邊處天的天人（詳見附錄三第一節）已沒有色身與前五識，但以識蘊為自我。

三、**業種子**：是眾生墮落生死輪迴的增上緣。

第六識思心所決定的身、口與意的行為，產生了有漏善性與惡性的業力，這種業力就會在第八識產生業種子。

以上三類種子因緣成熟時，就會令眾生再入生死輪迴，無形中操控著眾生的一切。其中第六識所生的業種子能牽引眾生，投生入六道中的某一道；前五識的業種子，決定生命體五根的強弱、容貌的美

醜、壽命的長短與生活的苦樂等等。

　　無覆無記性的第八識不造作種子，只儲存種子。

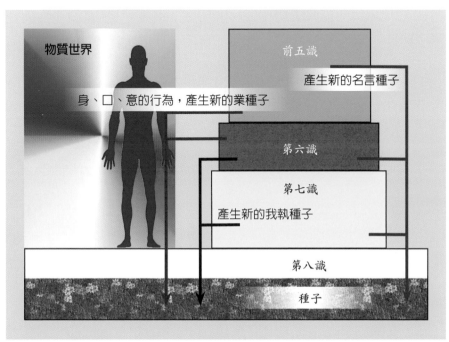

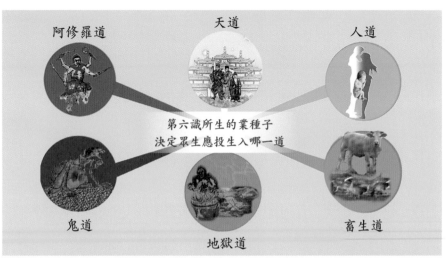

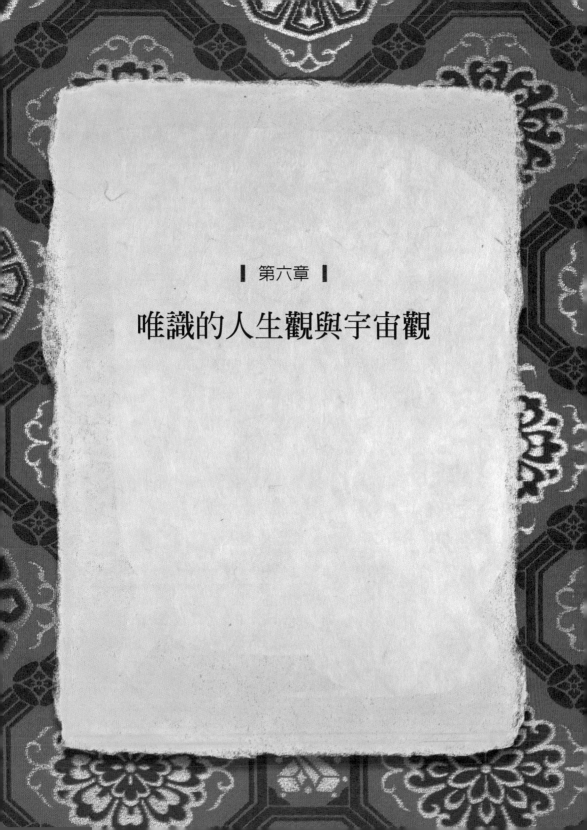

第六章

唯識的人生觀與宇宙觀

第一節 ▍ 法與法執

　　從眾生的觀點來看，宇宙萬有的顯現都遵循一定的軌範，而軌範又稱為「法」，所以宇宙萬有顯現的軌範就是宇宙萬法。法能夠使人形成認識與了解，世間所說的標準、規範、法則、性質、定理、定義或道理都屬於法；例如一把標準尺，各地的人都可認識與了解這是一把尺，也會使用它。

　　而且眾生所認定的法，都可保持它的性質，不會隨時改變；例如尺上的刻度 1 公尺是 100 公分，是既定的標準，不能任意改變。

　　但是佛經說：「宇宙萬法都沒有獨立不變的性質，『法』完全是因為因緣成熟，由心識所變現的果報。」如果認為離開了心識的因緣，法還有其獨立不變的性質，就是佛教所說的法執。

　　眾生與菩薩都未完全斷除法執，只有成佛時才能轉根本無明為智慧，明白宇宙萬有的真相，斷除法執。

　　舉例說明一切的「法」皆無不變的性質：

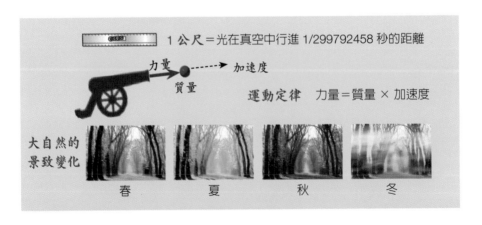

1 公尺＝光在真空中行進 1/299792458 秒的距離

力量　加速度　質量

運動定律　力量＝質量 × 加速度

大自然的景致變化　春　夏　秋　冬

法		產生的原因	沒有獨立不變的性質
公尺	光在真空中行進1/299792458秒的距離	1983年國際度量衡大會定義	不同的年代或測量技術，就有不同的定義
運動定律	力量＝質量×加速度	1687年牛頓發表的動力運動定律	在微觀尺寸、超高速度或非常強烈重力場的狀況，牛頓定律可能會不適用
大自然顯現的景致	傳統的中國人認為有春夏秋冬四季的變化	因為中國四季的氣候分明，使天氣與植物顯現出不同的型態。	在地球其他地區，例如赤道附近，全年皆夏；熱帶草原只分旱季和雨季。而天道就只有美好不變的氣候。

法執與我執一樣，也有分別與俱生兩種：

1. 分別法執：只存在於第六識。受外在、後天環境的影響，學習不正確的教法所說的自性，或所定義的五蘊、十二處、十八界❶，再經自心錯誤的認知與分別，執著是真實的法。例如以前的人說地球是宇宙的中心，就屬於分別法執。

2. 俱生法執：從無始以來就存在與作用著，依作用延續的時間

---

❶十二處，又名十二入，即六根能涉入六塵、或六塵能入六根；根塵互相涉入而生識。十八界，界是界限，即六根對六塵能生起六識，六根六塵六識共十八界，各有其界限，不會混雜。

　　因為眾生有不同的智慧、根器……，所以 佛陀說法度生時，對宇宙萬法有三種不同的分類──五蘊、十二處、與十八界，各別的分析重點是心理（心法）、物質（色法）、與以上兩者並重。五蘊對心法廣釋為受、想、行、識四蘊；在色法只說一個色蘊。十二處的心法是意根、與法塵的一半，共一個半；色法是五根、五塵、與法塵的另一半，共十個半。十八界是心法七個半；色法十個半。

　　隨著眾生對心理、物質不同的執迷程度，所執著的軌範必然就落入五蘊、十二處、或十八界的範疇中。

又分為兩類：

(1) 相續不停：第七識緣取第八識的見分為相分，執著它所觀察與認知到的種種現象，即永恆不變的軌範，這只存在於第七識。

(2) 有間斷：第六識緣取此生第八識所變現的五蘊、十二處、或十八界，對其全體或某些部分，觀察與認知其中的關係與變化，執著這就是宇宙萬有產生、存在、變異與毀滅的軌範，這只存在於第六識。就如我們常在不知不覺中，會在心裡形成一些觀點：

右圖看起來並不特別，但是當你把書上下顛倒觀察時，會有右圖是凹、或凸的認知變換。這是因為人類日常生活中，視覺的光源大部分來自上方的陽光或燈光，所以頂面亮、底面暗時，第六識會以為是凸；反之則為凹。

再以第六識緣取色蘊為例：

色蘊：例如地球上的水，人類第六識認為水具有無色、無味的性質，是構成生命體的主要成分──這就是人類的法執，因為鬼所見是膿血，天人所見卻是珍寶，故地球上的水無獨立不變的性質；因為不同的眾生具有不同的因緣，故見到相異的性質。

法執是依個人的心識、能力、智慧⋯⋯去誤認、執著如幻的宇宙萬法，都具有真實不變的性質；我執則是在上述的法執之中，再誤認、執著其某一部分是我，例如「能起見聞覺知的部分」是我❷。

---

❷心識對「見、聞、覺、知與我」生起個人的定義時，就是法執。

所以法執包含的範圍是無限的，而我執包含的範圍有限，而且眾生必須先有法執，才能生起我執。

眾生對「依他起性」的宇宙萬有，普遍的計度執著「我」、「法」是眞實的，再分別其有無、同異等等，好像暗夜中，見繩而誤以爲蛇，其實都如空華水月、並無自性，這稱作「遍計所執性」。

第二節 ▎唯識的人生觀

死亡

在生命即將結束，離開目前的世界時，此時淨色根會先失去作用，使眾生的心無法再緣取世界的五境，來形成內心的五識；因此構成淨色根的清淨四大元素，會依照地、水、火與風的順序逐漸消逝，當淨色根產生五識的功能消失時，前五識即不再顯現。

接著第六識、第七識循序暫時消失，此時一切外境與知覺都不復存在，生命的過程即將由「生」轉換爲「死」❸。在這短暫轉換的一瞬間，因爲第七識暫停了，本來的佛性會現前，但是它的延時一般都很短，大部分的眾生也不認識它，所以無法證入佛性，接著就只能漸漸陷入昏迷。

---

❸「生」與「死」主要是對色法而言，心法的第八識與其儲藏的種子永遠不「死」。

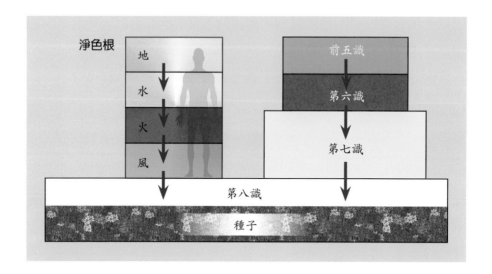

在前述的死亡過程中，眾生如果不能超出輪迴，在斷氣約四天以後，第六識又恢復清醒，此時就進入中陰身❹的世界，每一個中陰身都俱足五根，在這中陰身 49 天的期間，是投生轉世或往生淨土的一個轉捩點。

投生

如果再投生轉世，第八識的色法種子需先變現出下一生的物質世界，因為必須有物質世界的存在才能投生。投生之後，第七識也必須存在，因為第八識需以第七識為根，使物質世界與身體的色法種子得以發生作用。

---

❹ 參照免費電子書《圖解臨終與中陰解脫法》，http://nona.fjnet.com/

一個人的生命，在第八識攝持受精卵為身體時開始，然後色法種子以母體所提供的保護與養分為增上緣，繼續發展出身體與五根。科學家也發現在懷孕八週後，胎兒就有觸覺，所以此時第六識與身識確定是有的。

出生與成長

出生後，自我意識逐漸顯現，也就是有間斷的俱生我執，其中「第六識緣取五蘊為我」，在現代心理學則稱為自我認識。自我認識的對象包括自我的身體、自我心理活動的意識、自我行動的意識。

成長以後，開始學習外在環境的種種教法，自我意識若受到影響，就是第六識才有的分別我執。

我執或者說自我意識，使眾生在相對的物質世界中，為了自我的財色名利，造作身、口與意的惡業，惱亂自己／他人的身、心──稱為煩惱，並障礙修行，使自己繼續流轉生死──稱為障。也就是說，我執會使眾生產生「煩惱障」。

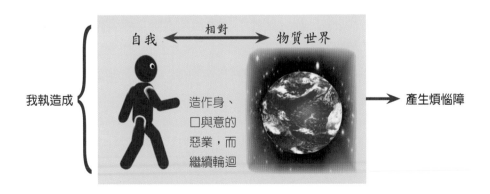

　　法執會造成所知障——法執能覆蔽眾生心中所知的真理，障礙眾生修行成佛。

　　我們心中必須先有所知障，才會形成煩惱障：

　　佛法的智慧使人明白：「宇宙萬有只是因緣顯現的果報，沒有獨立不變的性質，可以由自己決定、種下善因或惡因來改變果報」，就不會在世間造惡業、種下惡因，進而行善修行；但是所知障會蒙蔽眾生的智慧，使人作惡，惱亂身心，產生煩惱障。

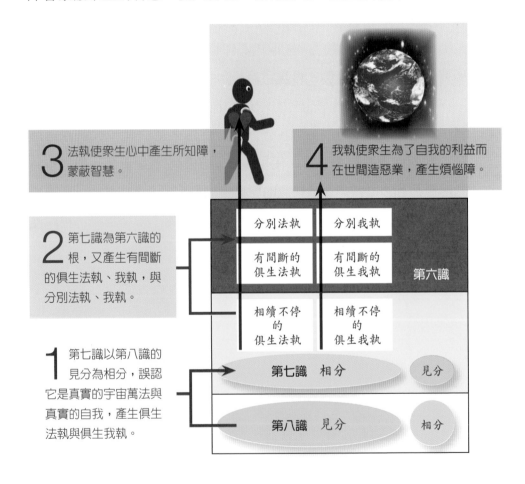

3 法執使眾生心中產生所知障，蒙蔽智慧。

4 我執使眾生為了自我的利益而在世間造惡業，產生煩惱障。

2 第七識為第六識的根，又產生有間斷的俱生法執、我執，與分別法執、我執。

分別法執	分別我執	
有間斷的俱生法執	有間斷的俱生我執	第六識
相續不停的俱生法執	相續不停的俱生我執	

1 第七識以第八識的見分為相分，誤認它是真實的宇宙萬法與真實的自我，產生俱生法執與俱生我執。

| 第七識　相分 | 見分 |
| 第八識　見分 | 相分 |

　　因爲造作惡業而產生的煩惱障，其分類就如現代人在世間從事的職業，種類雖多卻是有限的，性質也都粗顯易知；而所知障的性質難知，因爲隨著眾生對法的認知不一樣，就產生不同的法執，而眾生與法都是無量無邊的，故法執與其對應生起的所知障，就具有無數的種類。

　　所知障與煩惱障，可各別以對「法」與對「我」的執著爲出發點，在十種根本煩惱與對應的隨煩惱中，有詳細的分類。又所知障生起時，煩惱障未必會生起，因爲所知障也存在於無覆無記性心，例如前述的「地球上水的性質」對我們而言，是一種無覆無記的所知障，並不會迷惑人去造作惡業，產生煩惱障。

　　以下頁圖例，說明所知障與煩惱障的生起。

　　要破除煩惱障與所知障必須知道：

　　唯識學把因果的觀念稱爲異熟果──因會異時而熟轉變爲果，亦即因經過一段時間以後會成熟，轉變爲果報。我們現在造的善或惡業，不一定會馬上得到果報，但未來必定會得到快樂或痛苦的果；而現在所受的痛苦，就來自過去的惡業。心中要有勝解──相信佛的教法都是幫助眾生，對我們只有利益，遇到任何逆境或順境，都不要改變學佛與解脫生死的心，修行只有堅持到底，才能破除二障而成佛。

1 學佛的人

阿彌陀佛

2 遇到過去的惡業果報現前，產生許多逆境

生病

事業不順

支出

收入

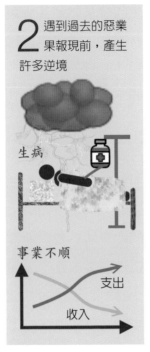

3 如果心中沒有因果的勝解心所，就產生根本煩惱的癡心所，誤認是因為學佛才遭到逆境，即生起所知障

4 又在根本煩惱的癡心所之後，對佛法生起「不信」的大隨煩惱心所，這是第二個所知障

不再相信

5 從此背道而馳，造身口意業，只能繼續處在六道之中，此即煩惱障

第三節 ▌ 唯識的宇宙觀

　　眾生以為外境的人、事與物，都是與自己的身心相對存在的。事實上，自心即八種識，外境是由自己第八識的色法種子所現；對外境的認識、分別等作用，也是由識本身的見分緣取相分而生。因此佛說：「識所緣取的境界，都是由識自己變現出來的。」

　　色法種子又可分為共業❺與不共業❻兩種，由四大元素分別產生共相與不共相兩種境界：

　　1.共相是由各人的種子，變出一切眾生都可共同受用的境界；雖然各人各變自己的境界，但是眾人所變是相似的，所以眾人都誤認是處在同一個境界，事實上，是各人處在自己所變的境界中。

　　例如下圖甲、乙兩個人與小狗，好像各有一台投影機，在同一個空間各投射出類似的世界，雖然所見相似，但是各處在自己所變的世界中：

甲
所變的世界，
電力如種子，
投影機如第八識，
投射的光影即世界

乙
所變的世界

小狗所變的世界

---

❺共業，共同的業力，即每個眾生都有此種業力。
❻不共業，不是每個眾生都有的業力。

　　圖中的土地與樹木，就是一切眾生都可共同受用的境界──共相境界；而且各人的五根只能取得自己世界的五境。

　　2. 不共相也是由各人的種子所變出的境界，但主要是給特定的人／動物受用。例如甲、乙與小狗的世界都有甲的帽子，但帽子主要是給甲受用的。

　　以上兩種境界可再分別細分成共用與不共用兩類：

1. 共相	共用	山、河與大海等，同一道的眾生都可受用。
	不共用	自己的土地與房屋等，大多是自己受用，但是他人也能常常受用。
2. 不共相	共用	自己的血液、骨髓與衣服等，大多是自己受用，他人很少受用。例如在捐血時，他人就能受用。
	不共用	淨色根──自己的氣與氣脈，只能自己受用。

　　每個人都由自己的第八識顯現出外境，所以眾生都活在自己所變的世界中。

　　而且以上四種用之中的三個用──共相的兩種用，與不共相的共用，當它們被某人改變時，其他人的第八識會緣取被某人改變的外境為增上緣，使自身的外境也跟著改變。因此不管何時何地，有眾生對此三個用的境界做任何改變，大家所顯現的外境都還是一樣的。

　　例如有兩人 L 與 R 一起喝果汁，兩個杯子都還是空的，它們分別顯現在兩人的世界中：

　　1. R 先在他的世界中，將果汁倒入杯子：

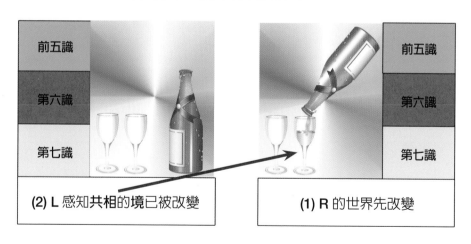

　　2. 然後 L 的第八識感知到共相的境被改變，以此為增上緣，L 色法種子顯現的境，也會跟著 R 改變：

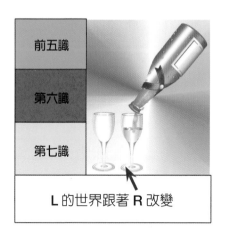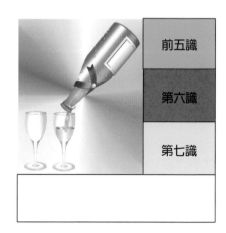

當然，圖中畫的動作是大了一點，事實上，R 在他的世界裡做些微動作的改變，即使如量子那麼微小，L 的第八識馬上也會感知到而跟著變現，變現的速度比光速還快，是非常快速而無法測量的。

再以紅色的人 R 與藍色的人 B 作例子：

1. 當 B 講話時，先使自己的色法種子在世界上產生講話的聲音：

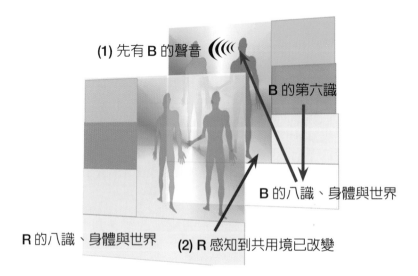

2. 然後 R 的第八識感知到共用境已改變，以此爲增上緣，使自己的世界也產生 B 的聲音：

B 的聲音

　　由以上的說明可知，眾生過去的共業顯現出目前的世界，而現在任何眾生決定的身、口行爲，都可改變目前的世界；而且對自己的第八識而言，「別人的種子所現出的外境」也是一種可以緣取的外境。

第四節 ▍神通的故事

唯識學認為：「對自己的識而言，『別人的識與外境』也是一種可以緣取的外境。」❼有一種神通叫做他心通，使自己能夠知道其他人的心念，但一般人是沒有這種能力的；他心通是以自心的第六識，緣取別人的第六識當作外境，然後在自心第六識生出類似的相分，為見分所認識。禪宗有個有趣的公案：

有一位印度的大耳法師來到唐朝的京城，他自稱已經證得他心通，於是皇帝就令國師慧忠禪師辨明他的真偽。

大耳法師一見到慧忠國師，就立刻禮拜，再站在國師的旁邊。

慧忠國師就問：「你已證得他心通了嗎？」

大耳法師回答說：「還好！還好！」

慧忠國師說：「你說說看，老僧目前在什麼地方？」此時，國師以天眼通看到遙遠的西川河上，正在划龍舟比賽。

大耳法師回答：「您是一國之師，為什麼跑去西川河看划龍舟呢？」

國師又問：「那你說說看，現在老僧又在哪裡？」

大耳法師答說：「國師，您為什麼又在天津橋看猴子玩把戲呢？」最後，國師就入甚深禪定，再問同樣的話。

但這一次，大耳法師呆了好久，因為沒有這種修持的功夫，無法知道已入禪定的國師，心在哪裡，吞吞吐吐講不出話來。

---

❼《唯識二十頌》，世親菩薩著。

國師大聲叱責道：「你這個野狐狸精，他心通跑到哪裡去了？」
大耳法師無言以對……。

甚深禪定

天眼通在國師第六識所現的影像

神通還有天耳通、宿命通──能知道過去與未來的事，以及神足通──能隨著意願，立刻到達任何地方。

天人在出生時就有這種能力，鬼道眾生也有，但鬼道的能力叫做鬼通，比不上天人的神通；在人道與畜生道的眾生，因為有質礙的肉身，大多是沒有的。

在人世間，這種特殊的能力大概有兩種來源：

修道人在定力深的時候，自己的神通會現前；而有些人則以符咒等方法，去借助鬼道的鬼通。

但是這些能力是有侷限的，它們不能改變過去的業力，也不能使眾生解脫生與死的痛苦，一點也幫不上忙！所以真正學佛的人，是依正法修行，希望在此生證得第六種神通──漏盡通，永斷生死煩惱的痛苦；或者一心念佛，臨終往生西方極樂世界，也能永斷輪迴的痛苦。

而且只要解脫生死輪迴的痛苦，則其他五種神通就自然現前了！

第七章

轉識成智

　　認識八識的目的，是為了使眾生離苦得樂、了脫生死、乃至成佛，這也是佛與佛法在世間的目的。如果我們在日常生活中常常省察──自己對境是否動念？動了什麼心念？對自己與眾生是否有利益？這就是學佛修行的開始。

第一節 ▎學佛的快樂

　　成佛住於佛性之中，是世界上最大的快樂，可以用「真空妙有」簡單述說──由「妙有」來看，住於佛性的快樂，世間國王的任何享受都無法比擬，也超過《阿彌陀經》所說，西方極樂世界的無比快樂。

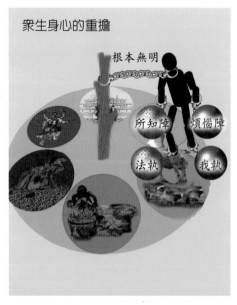

眾生身心的重擔

根本無明

所知障　煩惱障

法執　我執

佛性的特質是真空、大樂與光明

真空

智慧

智慧是沒有形相的，但為了度化眾生，會以五色光明顯現。

　　從「眞空」來講，眞空不是指色法、心法都斷滅的空無一物，只是把心中的我執與法執全部放下。因爲眾生從未住於眞空，所以很難用文字形容，只能舉例說：「當我們生病或背負重擔的時候，辛苦又不舒服，在痊癒或放下重擔的那一天，想想看，身體與心是多麼的舒暢！根本無明現出的身體與心，生來就有疾病與重擔，而眞空是眾生眞正的、無病的、沒有負擔的身體與心。」

　　我們從小就學習知識、儲蓄財物、做種種的投資，希望得到好的享受。然而人生有無數的風險，世間事的努力能獲取多少報酬，誰也無法確定；但是行善學佛的果報是確定快樂的，雖然今生可能因爲宿業所纏，遭受痛苦，然而來世必定超生人天或往生淨土，得到無窮的快樂。

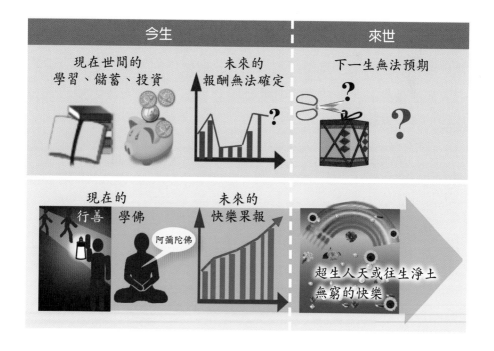

　　佛是過去的眾生，現在的眾生是未來的佛，只要依照佛法修行，就可以跟佛一樣，將無明所生成的八種識轉為智慧，利益自己與他人：

　　儲存在第八識的本有與新薰種子，若依照染、淨的差別，可分為有漏種子與無漏種子❶兩種。有漏種子驅使眾生在六道之中造業而輪迴轉世，即名言種子、我執種子和業種子；無漏種子能使眾生解脫生死輪迴，乃至成佛，分為我空、法空與俱空種子：

　　●我空種子：我空也稱為人空或生空，我空種子可破除我執。

　　●法空種子能破除法執。

　　●俱空種子：在破除我執與法執以後，俱空是將「我空、法空」的空再斷除，執、空俱無，即契入佛性，證得佛果。

　　佛教小乘的教法只能破除我執，在我執斷除時，會墮入輪迴的我，就自然不存在了；而大乘的教法能破除我執與法執，並將我執、法執所在的第六識與第七識，轉化成度生的智慧，這是小乘修行人無法做到的，所以小乘只能斷除我執而自度，大乘則能證到自度度人的菩薩與佛果位：

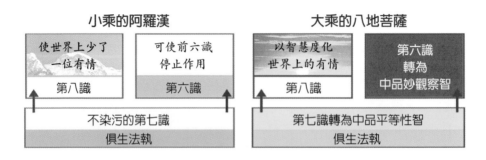

❶漏就是煩惱，因為煩惱能使眾生漏落於六道；有漏即有煩惱，無漏即清淨無煩惱。

初地菩薩	已斷除分別我執與分別法執；但俱生我執、俱生法執還存在，有漏的煩惱種子還藏在第八識中生起作用。
二至七地菩薩	菩薩在此階段修行，以斷除俱生我執。
八至十地菩薩	俱生我執已斷，還有俱生法執現起作用，但是俱生法執並不會產生煩惱，只是還有無量無邊的度生法門尚未修習圓滿。 此時菩薩以清淨無漏的心，自在修行，在斷除俱生法執以後，「我空、法空」之空再斷除，心一境性即成佛。

在證得初地菩薩以後，就可以明白自己的真心，初步了解諸法的實相，不再造作惡業去產生新熏的有漏種子，能依照佛的身、口與意，精進修持戒、定與慧，不斷熏習無漏種子，斷除我執與法執，證得佛果。

眾生		初地菩薩		初至七地菩薩		八地菩薩	八至十地菩薩		佛
分別法執	分別我執	智慧		智慧		智慧	智慧		智慧
俱生法執	俱生我執	俱生法執	俱生我執	俱生法執	俱生我執 修行斷除	俱生法執	俱生法執	修行斷除	

第二節 ▎轉識成智

開始學佛就要知道色法，亦即世間一切物質與自己的身體必定會毀壞，一切眾生終究會老死，只有我們的心永遠存在。但是眾生的心並不是真心，真心是佛性，眾生的心是妄心，妄心就一定會有心念，心念生起就有染、淨——染就是六根執著、取捨六塵；淨即不執著、不取捨六塵。

眾生都會染著六塵，如果起煩惱心造殺生、偷盜或邪淫等惡業，以後的果報就是墮落畜生、鬼或地獄道；如果起善心作布施、持戒與忍辱等善業，以後就一定投生人道、天道，或者超出六道。所以要輪迴或解脫，完全由自己的心念來決定。

彌勒菩薩說：「分別是識，不分別是智；依識染，依智淨；染有生死，淨無諸佛。」

想要投生善道或超出輪迴，要從自己的每一個心念開始修行。既然已經知道物質現象的變化無常，如果六根再執著六塵，妄心永無停止的一天，只能繼續輪迴。

因此要下定決心：「除了維持生活所需以外，不再貪求六塵」，如此就慢慢減少對世間的欲望與貪愛，當欲望與貪愛減少後，心就開始得到解脫。

此時就能依照佛的心來修行，而什麼是佛的心呢？即「自覺覺他，自度度他，覺行圓滿」，這也就是發菩提心，依照戒、定與慧來精進修行，而修行的目的是為了利益一切的眾生，使眾生了脫生

死輪迴。

　　佛是真正覺醒的人，但現代人忙碌於工作與家庭，無法像以前的大德閉關靜修，若想要修行覺醒，可於日常生活的行住坐臥中，時時修持天台宗❷所說的「一心三觀」──假觀、空觀與中觀，逐步清淨第六識、第七識、第八識與前五識，將八種識轉化成以下的五種智慧；而且識的清淨都是依照這個順序，即使大乘各宗派修行的方法略有不同。

一、假觀

西方　阿彌陀佛

　　阿彌陀佛代表妙觀察智，由清淨第六識所現出。

　　妙觀察智善於無礙觀察諸法的自相和共相，攝持、觀察無量總持與三昧法門，及其所生功德，能觀察眾生的機緣與根器，示現神通自在，善巧說明一切的法，斷一切疑，利樂普度眾生，也叫作「轉法輪智」。

　　人在世間的妄想分別，所造的生死業力，都是來自第六識，但是人想要修行，也是要依靠第六識能行善或行惡的作用，去惡行善、轉染為淨；因為前五識的善、惡性是由第六識決定，無記性的

---

❷ 佛教大乘的宗派之一，其他還有淨土宗、禪宗、唯識宗與密宗等等。天台宗的假觀、空觀與中觀，即禪宗所說的無相、無念與無住，兩者的意義是一樣的。

第七、八識也沒有行善修行的能力，所以眾生從開始修行一直到成佛，都要依靠第六識修習我空與法空，才能把虛妄的我執與法執斷除。因此了脫生死的第一步，就是先將第六識轉爲妙觀察智，方法如下：

假觀：「行者對一切外境，不分別、不愛惡、不取捨，自心平等而住，心不取境，境不臨心。」

行者就是修行人，在日常生活中一心念佛（第六識），心對外境無動於衷，觀一切有形有相的人、事與物都是假相 —— 如夢如幻，六根不動，就能使心清淨。

因爲現代人最喜歡、最容易生起的是五俱意識，而五境的組合是無量無邊的，如果使心執著五境，學佛永遠不可能成功。所以我們平常修行有兩個重點：

1. 心中不要想去追求外境。

2. 面對外境時，也不生起分別、愛惡與取捨的心 —— 不起染污的五俱意識，而持心在念佛的正念。

如此修行到破除分別我執與分別法執時，就證得下品的妙觀察智；此時是初步的清淨第六識，而它的根 —— 第七識，也得初步的清淨，同時轉爲下品的平等性智；必須修行到成佛時，才能證得圓滿的妙觀察智與平等性智。

而且修行人要知道生與死的涵義，生不只是說嬰兒的出生，死也不是專指呼吸與心跳的停止，而是我們每一個念頭的生、死或生、滅，必須先修行止息第六識妄念的生、死，才能進一步停止輪迴的生、死。

最基本的修行功夫，就如《觀無量壽經》所講的，平常要念佛、止息妄念，在臨終時能專心的念佛十聲，往生到極樂世界。

二、空觀

南方 寶生佛

寶生佛代表平等性智，由清淨第七識所現出。

平等性智能通達諸法無我、一切有情自他平等的道理，永無間斷的俱足大慈大悲，度化與利益一切眾生。

空觀：「行者對心內一切事，過去、現在、未來，不分別、不愛惡、不取捨，自心平等而住，於心無事，於事無心。」

事就是法塵。行者一心念佛（第六識），妄念❸生起時，要知道已經有妄念了，不要跟隨這個妄念再生起任何心念；也不要生起心念，想要停止這個妄念，只要繼續一心念佛就好了。

當行者修習假觀，能夠止息第六識執著外境的念頭時，就能進而修習空觀。修習空觀也有兩個重點：

1. 第六識不起妄念，不再變現染污的法塵。

2. 如果第六識在第一念已經變現出染污的法塵，不再生起第二念來分別、愛惡與取捨 —— 止息染污的獨散意識。

此時還是要藉著第六識斷除執著的作用，在修行破除俱生我執時，就證得中品的妙觀察智與平等性智。

三、中觀

東方　阿閦佛

　　阿閦佛代表大圓鏡智，由清淨第八識所現出。

　　大圓鏡智，就像一面圓鏡，顯現法界的萬相，圓滿清淨沒有任何的染著，在無盡的未來，持一切功德，能現能生佛身、佛土，以及平等性智、妙觀察智、成所作智。

---

❸念佛時，除了佛號以外，任何事都是妄念。

第八識依照凡聖的不同，可以有三種名稱——阿賴耶識、異熟識與菴摩羅識，其涵義如下：

1. 阿賴耶是梵音（Alaya），中文是「含有、儲藏」，又有幾種意義：

(1) 它像倉庫一樣，能夠攝藏一切雜染法——生死輪迴的諸法，不會失去。

(2) 第七識執著第八識見分為自我，妄生貪愛，此時第八識就稱為「我愛執藏」，即第八識被第七識執取，而成為「自我與貪愛」的藏身處。

2. 異熟識，異熟也有幾種意義：

(1) 異時而熟：以前所造的種子在時間變異後，因緣成熟時，就以第八識為基礎，而生出一切的果報。

(2) 異類而熟：眾生造善因，以後就得到樂的果報，造惡因就得苦的果報，但樂或苦的果報本身不屬於善或惡性，是無記性；所以由因到果，類別有異。

(3) 變異而熟：例如植物的種子必須先發芽與成長，最後才能結果，而種子與果實的性質已經不同；亦即因與果報的性質必有變異。

異熟識能牽引眾生遭受生死輪迴，與善、惡等業的果報。

3. 菴摩羅（梵名 Amala）是清淨無垢的意思，菴摩羅識即不生不滅、清淨的佛性。

眾生、菩薩與佛的第八識有不同的名稱：

	第八識的名稱
眾生至七地菩薩	阿賴耶識與異熟識。初地至七地菩薩前六識所起的煩惱，雖由正知（妙觀察智）不為過失，但其第七識還有俱生我見和我愛等，恆執第八識為自我，因此仍有阿賴耶識之名。
八至十地菩薩	八地以上的菩薩，雖然第八識還未斷盡煩惱種子，但煩惱種子再不起作用；當第七識緣取第八識時，也不會執為自我，所以捨去阿賴耶的名字，只有異熟識。
佛	成佛以後，只稱為菴摩羅識 （阿賴耶識與異熟識已轉為智慧）

　　當空觀的功夫成熟，就能修習「空幻一如」，或者稱「空假一如」，也就是空觀與假觀不二，此即中觀。中觀的修行方法如下：

　　中觀：「行者將一切外境與一切心內事，打成一片，是為中境；觀外境如夢如幻，內事悉皆空寂，空幻一如，不分別、不愛惡、不取捨，自心平等而住，住世同一夢境，出世還歸一如。」

　　此時一心念佛（第六識），時時刻刻脫離得失、是非與相對心，破除俱生法執後，再繼續安住甚深正定，「我空、法空」之空再斷除，即成就佛果；此時第八識所具的前兩種涵義——阿賴耶與異熟的作用，就清淨轉變為大圓鏡智，無染顯現法界過去、現在與未來三世的萬相。

　　前五識的生起需依靠五根，而五根是第八識所緣取的相分，因此在第八識還沒有轉識成智以前，前五識不能轉識成智；就在第八識轉為大圓鏡智的同時，前五識也轉為成所作智。

北方　不空成就佛

　　不空成就佛代表成所作智，由清淨前五識而現出。

　　成所作智，能普遍於十方世界，示現種種不思議的身語意業，成就本來願力的利他事業。

　　顯宗的定義是轉八識而成就四智，密宗則以成佛時俱足五智，亦即在成就四智的同時，成佛所現出的菴摩羅識就是法界體性智。

中央　毘盧遮那佛

　　毘盧遮那佛代表法界體性智，即菴摩羅識。

　　法界體性智，亦即一切佛與眾生都有的、沒有差別的佛性，能明明了了法界裡無量諸法的性質。

　　可以用水來形容五智：

　　水的形相清淨，能映現法界一切的景物，就如大圓鏡智。

　　法界萬象的倒影都顯現在水面上，不會有高下貴賤的差別，一切均平等顯現，如同平等性智。

　　法界萬象種種不同的特性，水都清楚明了的顯現，好比妙觀察智。

　　一切有情眾生、無情物質，都依靠水的濕性，滋潤成長，就像成所作智。

　　具足以上四種作用，水卻沒有任何的不適應或改變，就如法界體性智。

釋迦牟尼在印度的星空下修行成佛時，以天眼觀察法界一切眾生，舉手觸額三歎說：「奇哉！奇哉！大地眾生無不俱足如來福慧德相，只以妄想、顛倒、執著而不能證得；若離妄想、顛倒、執著，則清淨智、無師智自然現前。」

佛教是完全平等、無分別、無對立，是真正命運操之在己的宗教，只要我們去除妄想、顛倒、執著，則人人都可依自己的意願，回復本來佛性，成佛俱足五智。

　　眾生的識能造作善業與惡業，當識轉成智的時候，再也不生任何的惡業，所以智是善的極致；成佛時，眾生的「唯識」就轉為佛的「唯智」，也就是諸佛自利利人的事業。

　　「唯識」與「唯智」顯現出不同的世界：

生死輪迴的世界　　　　　　　　永恆安樂的淨土

物質世界　　　　　　　　　　淨土

八識　　　　　　　　　　五智

根本無明　　　　　　　　佛性

在眾生修證成佛時，就與八識的轉化一樣，五蘊與五毒就清淨轉為五智：

	西方　阿彌陀佛	
	轉想蘊（貪）為妙觀察智	
南方　寶生佛	中央　毘盧遮那佛	北方　不空成就佛
轉受蘊（慢）為平等性智	轉色蘊（癡）為法界體性智	轉行蘊（疑）為成所作智
	東方　阿閦佛	
	轉識蘊（瞋）為大圓鏡智	

此時，一切諸法顯現出圓滿成就的真實體性──「圓成實性」，亦名法性、真如、佛性等等。諸法真空妙有的「圓成實性」與宇宙萬有的「依他起性」（見第一章第二節）、眾生心識的「遍計所執性」（第六章第一節）合稱為三種自性，是唯識學一切法義的根本。

《金剛經》有為偈：「一切有為法，如夢幻泡影，如露亦如電，應作如是觀。」《金剛經》無為偈：「一切無為法，如虛亦如空，如如心不動，萬法在其中。」

我們現在所遭遇的人、事與物，以及生活的貧富貴賤，大多是以前的業力所現出來的，是我們無法掌握的，如果隨波逐流，逐境生心，自己的身心就處處被動，生命不能自己做主，最後只能陷入

輪迴之中。

　　現在所造的業力，與未來的生命是我們要掌握的，要從平常的生活做起！生活中多一個好的言行與念頭，則多一個善業，生命便會更好；若多一個傷害別人的言行與念頭，則多一個惡業，生命即更惡劣。

　　淨土宗八祖蓮池大師曾說：「真能念佛，放下身心世界，即大布施；不起貪瞋癡，即大持戒；不計是非人我，即大忍辱；不間斷、不夾雜，即大精進；不復妄想馳逐，即大禪定；不為他歧所惑，即大智慧。」

　　我們為了此生的工作與家庭，花了很多時間、做了很多努力，現在只要再進一步，使自己保持善良的言行和思想，不管任何境界現前，都堅持學佛，並將功德迴向一切眾生，則不只能利益此生，來生也會得到利益！

　　只要深信、切願、力行，決定能轉八識為五種智慧，使物質世界也顯現為度化眾生的淨土，永恆的利益自己與眾生。

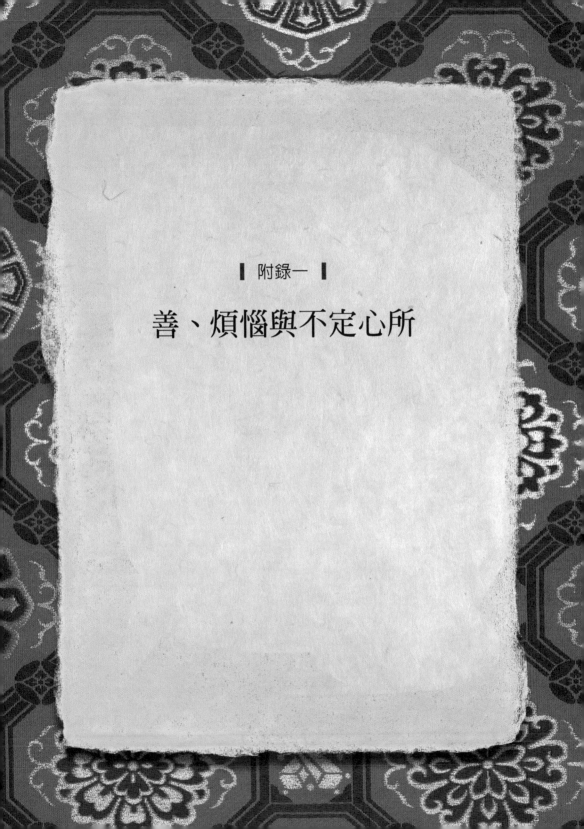

附錄一

善、煩惱與不定心所

　　善、煩惱與不定心所，不只包含心理學中的情緒反應，其分類更是依照倫理學與佛教修行的觀點來進行，能夠指導我們判斷什麼行為對自己、眾生是有利或有害，再經由實際的修行，就能夠改變我們的生命。

　　因為眾生染污的妄念會生起貪、瞋與癡等煩惱，但是善的正念也具有戒、定與慧的力量；所以觀察心念，了解心念，使心念斷惡行善，時時生起善的正念與行為，就可以使煩惱慢慢的脫落，向成佛的目標邁進，這就是唯識學的目的。

第一節 ▌ 善心所

　　善性的前六識會生起某些善心所，善心所總共有十一個，可與全部的別境心所共存。

　　1. 信：信即正確的信仰，由淺至深，約有三類：(1) 相信真實的事理；(2) 相信佛、法、僧三寶真實清淨的功德；(3) 對於世間與出世間的善法，相信只要努力精進，一定能夠成就，因此生起希求的心。信是修行的根本，可以產生一切的功德，心誠淨而不染著是信的特徵。

　　信能對治隨煩惱（見第二節）的「不信」，使眾生愛樂修行，圓滿世間、出世間的善法。

　　2. 慚：能依自己的良心道德，而尊崇賢人與善法。如果做了惡事，或覺得自己的學問道德不夠完善，自己就會覺得羞恥。慚可以對治隨煩惱的「無慚」，止息惡行。

　　3.愧：因爲害怕社會輿論與他人的指責，鄙棄暴行惡法。做了惡事會覺得羞恥，無顏見人。愧可以對治隨煩惱的「無愧」，止息惡行。

　　4.無貪：不貪愛執著世間一切的人、事、物與其成因。無貪可以對治根本煩惱的「貪」，使人行善，惠施助人。無貪包含「厭」，因爲厭是討厭，不會貪愛所討厭的境；「不慳」與「不憍」也屬於無貪。

　　5.無瞋：對苦的果報，與造成苦的原因，都不會起瞋怒心。無瞋可以對治根本煩惱的「瞋」，使人不做惡行，慈悲行善。無瞋包含「欣」，因爲對於喜歡的境不會瞋怒。

　　6.無癡：明白一切的事理與眞理。無癡可以對治根本煩惱的「癡」，使人行善，明白佛法，自利利人。

　　7.勤（精進）：努力而不懈怠的斷除惡事，與實行善事。勤可以對治隨煩惱的「懈怠」，進而圓滿各種善事。

　　8.輕安：身心調暢、輕鬆安穩，能夠修持善法，這是禪定時才有的心所。輕安可以對治隨煩惱的「昏沉」，使身心安定舒適。

9.行捨：行捨的字義是「行蘊」❶中的「捨」，經由不放逸，放下雜染的執著，再以精進、無貪、無瞋與無癡爲根本，令心平等、正直、不假功用而自然安住不動。行捨可斷除令身心粗重的障礙，對治隨煩惱的「掉舉」、「昏沈」，使心寂靜而住。

10. 不放逸：以精進、無貪、無瞋與無癡爲根本，對於已斷除的惡事，令不再生；對於已做的善事，使其增長。不放逸可以對治隨煩惱的「放逸」，圓滿成就世間與出世間的善事。

11. 不害：以無瞋爲根本，不損害惱亂一切的眾生。無瞋就是慈，施予眾生安樂；不害就是悲，消除眾生的痛苦。不害能對治隨煩惱的「害」，使人生起悲憫的心。

因爲禪定時才有輕安，所以除了輕安之外，其他十個善心所可任意共存。不論別境心所是否存在，思心所依照受心所不同的感受，能生起的善心所如下：

苦受：除了輕安以外，可生起其餘的十個善心所，因爲輕安使身心安定或快樂，不會有痛苦。有些人在痛苦中，也能克服痛苦而行善，如社會上許多貧苦的人，因爲知道貧困的苦，而拾金不昧，甚至布施。

樂或捨受：全部的善心所。

例如下圖左、右兩匹小馬都要到對岸，此時右馬第六識的受與思心所如下：

受心所，看到同類很高興，順心的境，產生樂受。

❶ 詳見第五章第二節的「五蘊」。

思心所，生起兩個善心所：

1. 無貪：不貪愛自我，禮讓對方先過。

2. 無瞋：看到同類很高興，慈心對待。

第二節 ┃ 煩惱心所

惡性與有覆無記性的心識，首先會產生根本煩惱心所（共六種），有時會再接著生起隨煩惱心所（共二十種），所以煩惱心所總共二十六種；它們會迷惑智慧而產生所知障，若再造業使身心痛苦，就生起煩惱障。

一、根本煩惱有六種，存在於前七識，所以稱為根本，是因其性質是二十六種煩惱中最基本的，能再引生其他的隨煩惱。

1. 貪：貪愛執著所喜歡的境——世間的人、事、物與其成因。

能障礙善心所的無貪，產生痛苦。

　　2.瞋：瞋怒所厭惡的境，這個境是使自己痛苦的原因、果報。能障礙無瞋，使身心熱惱，不能安穩，造作種種的惡業。

　　3.癡：癡即無明，不明白事理與真理，例如因果的真理。能障礙無癡，與引生一切的根本煩惱與隨煩惱，使人造作生死輪迴的業力。

　　4.慢：傲慢、貢高我慢，認為別人都比不上自己，也無法尊重善法與有德行的人。能障礙「不慢」；因為不能尊師重法，可產生一切的痛苦，無法了脫生死。

　　5.疑：懷疑事理與真理，猶豫不能決定，也無法相信。能障礙「不疑」與善心所的生起。

　　6.惡見：不正見，心中錯誤的知見，屬於染污的慧，能障礙正見的生起，又因為相信與實行惡法，有惡見者大多遭受痛苦。可再分為五種：

　　(1)身見：即我見，執著色、受、想、行、識五蘊是「我」（或「我所有」）；因為執著五蘊假合是「我」，能再生起其他的不正見。實際上，我的身與心只是因緣所生，終究會毀壞，再投生又換另一個身心世界了。

　　(2)邊見：我見生起後，又對「我的存在」形成邊見——斷見或常見。認為我的身與心，是這一生死後就斷絕，一無所有，沒有以後的果報，稱為斷見；反之，認為這一世的我死亡以後，未來還是可以復生，相續不斷，稱為常見。邊見使眾生不能正確的修行出離生死。

　　(3)邪見：否定因果的妄見，或者與其他四種惡見不同的顛倒

妄見，都歸類爲「邪見」。邪見會破壞善事，使眾生以後墮入三惡道，或生邪見的人家。

(4) 見取見：偏執自己的惡知見，認爲是正確殊勝的、別人都比不上。見取見會造成人或團體之間的種種爭鬥。

(5) 戒禁取見：誤認只要遵守某些迷信的規定或禁忌，就可以生天享樂或清淨解脫；例如相信只做斷食或苦行，就可以生天享樂，這稱爲「非因計因」。戒禁取見使人即使辛勤修行，也得不到任何的效益。

貪、瞋、癡、慢與疑合稱爲五毒，是因爲染著於境而生起，修行較不易斷，又名爲思惑——思想迷於世法事相，所生出的惑業。五種惡見是因爲對境起了邪分別而產生，在修行時較易斷除，又稱爲見惑——錯誤的分別知見所產生的惑業。

若將惡見算爲五種，則根本煩惱可說是十種。根本煩惱若爲眾生與生俱有的，稱爲俱生起；如果是後天學習不正確的知識，再經自己錯誤思察而起，稱做分別起。貪、瞋、癡、慢、身見、邊見六種，可以是俱生起或分別起；而疑、邪見、見取見、戒禁取見四種只屬於分別起。又癡可與任何根本煩惱同存；五種惡見各依不同的染「慧」而生起，各有不同的錯誤知見，所以不會同時存在。

十種根本煩惱中，瞋是性質最惡的，佛說：「眾生只要起了一念瞋心，一切的善根都被遮蔽，一切的罪業同時增長。」

有些根本煩惱彼此具有排斥性，例如下表，在第二行是同一個境，心裡不可能同時喜歡與厭惡它，故貪與瞋不能並存：

左、右兩欄的根本煩惱，不能同時存在	
貪（所喜歡的境）	**瞋**（所厭惡的境）
貪	**疑**（懷疑猶豫，對境還沒有做決定，所以不會貪愛）
瞋	**身見**與**常見**，而且其緣取行蘊為境時，只生快樂的感受。 **邪見**，而且誤認世間只有好事存在，沒有惡事。 **見取見**（自認為所執著的境是殊勝的境） **戒禁取見**（自認為所執著的境是精妙的道）
慢（對已緣取、決定境，起我慢）	**疑** **邪見**，而且誤認世間只有好事存在，沒有惡事。
慢	**斷見**（執著斷滅，故沒有可緣取、可決定的境）
疑	**惡見**（對已緣取、決定的境，生起惡見）

　　大概來講，根據一般人受心所不同的感受，可能生起的根本煩惱如下：

樂、捨受	貪、慢、四種惡見（不含邪見）。苦受來自逆心的境，使人不會產生貪愛或我慢；而一般人處在逆境時，也不會形成這四種惡見。
苦、捨受	瞋。因為瞋存在於所厭惡的境，與快樂不能並存。
苦、樂或捨受	癡、疑、邪見。

　　（更詳細的分析，須將苦、捨、樂三受再細分為苦、憂、捨、喜、樂五受，詳見附錄三第一節。）

　　各種別境心所能生起的根本煩惱如下表：

五別境心所	能生起貪、瞋、癡與慢；產生這四種煩惱時，如果專注一境，也容許有禪定。例如色界與無色界的天人都是在禪定中，卻常常生起貪與癡心所。
欲、念、定、慧	疑，因為疑則無勝解。
欲、勝解、念、定	惡見，因為五種惡見各由不同的染「慧」所生，與別境心所的慧，性質相異。

　　例如想要摘下月亮的猴王，看到井裡也有一個月亮，此時牠的第六識受與思心所如下：

1　受心所，看到井裡也有月亮，很快樂，樂受。
思心所，生起兩種根本煩惱：
(1) 貪，貪求水中的月亮。
(2) 癡，不明白事理，誤認倒影是真月。

2　受心所，召集猴群水中撈月，做喜歡的事，很高興，樂受。
思心所，生起三種根本煩惱：
(1) 貪，貪求水中的月亮。
(2) 癡，不明白事理，召集猴群做沒有用的事。
(3) 慢，妻子勸牠不要做，但牠自恃為猴王，自高自大，不聽勸阻。

　　二、隨煩惱共有二十種，是在根本煩惱之後產生，可與全部的別境心所共存。每個隨煩惱都可能是俱生起或分別起，其性質主要與根本煩惱相同或相關，可分爲三類，而且三類可以同時混合生起：

1. 小隨煩惱	共十個，由惡性或有覆無記性的心生起，性質都粗重猛烈，彼此無法共存，在同一境界，十個之中只能生起一個，具排他性，因此名爲小隨。只生起於第六識。
2. 中隨煩惱	共有二個，只由惡性的心生起，彼此可共存，無排他性，所以叫做中隨。存在於前六識。
3. 大隨煩惱	共有八個，可由惡性或有覆無記性的心生起，彼此可共存，無排他性，故稱爲大隨。是前七識都能形成的。

　　1. 小隨煩惱：是一種強烈的心理反應，只有第六識能夠產生。下表左欄的括弧表示該小隨煩惱的性質，是與根本煩惱貪、瞋相同，或者是貪與癡的組合，譬如 (4) 覆的性質屬於根本煩惱的貪與癡，並不是說覆只能在貪與癡之後生起。

(1) 忿 （屬瞋）	對現在面前的逆境，發忿怒心。 能使人惡言相對或行使暴力，以身體或武器傷人毀物，障礙「不忿」。
(2) 恨 （屬瞋）	先起忿心所，然後心中氣憤相續不停，怨氣蓄積在心中。 能使人身心焦躁煩惱，障礙「不恨」。
(3) 惱 （屬瞋）	先起忿與恨心所，當逆境又現前時，就生起暴怒狠戾的心。 能使人以凶狠粗鄙的言語刺激、傷害他人，障礙「不惱」。
(4) 覆 （屬貪與癡）	因爲怕失去利益、地位或名譽等等，就隱藏自己所造的罪業，不怕以後會使自己痛苦。 能使人在未來後悔、心不安穩，障礙「不覆」。

(5) 嫉 （屬瞋）	貪求自己的利益、地位或名譽等等，且對他人所擁有的生嫉妒心。 能使人憂愁、身心不安穩，障礙「不嫉」。
(6) 慳 （屬貪）	貪愛秘藏財物或知識等等，慳吝成性，無法施捨給他人。 能使人執著的積蓄財物或獲取知識，障礙「不慳」。
(7) 誑 （屬貪與癡）	為了獲得財物、地位或名譽等等，虛偽詭詐的現出有德行或善良的模樣。 能使人以不正當的工作謀利，障礙「不誑」。
(8) 諂 （屬貪與癡）	為了討好別人或隱藏自己的過失，奸險虛偽的欺罔或諂媚他人。 使人不能接受師友正確的教誨與勸導，障礙「不諂」。
(9) 害 （屬瞋）	沒有悲憫心，損惱眾生。 能使人逼迫損惱、傷害或殺害眾生，障礙「不害」。
(10) 憍 （屬貪）	驕傲自大，並深深的迷戀、沉醉自己現有的長處，例如能力、財力或地位等。憍的性質是貪，所以憍不同於慢。 能生長一切的雜染法，障礙「不憍」。

　　小隨煩惱中，忿、恨、惱必須在根本煩惱的瞋之後，依序生起。小隨煩惱與某些根本煩惱具有排斥性，不能並存：

(1) 十種小隨煩惱因為生起時，心念粗重猛烈，所以不會與根本煩惱的疑或惡見並存，因為疑或惡見的心念細膩審查。

(2) 單一性質的小隨，不會與相同或相斥性質的根本煩惱共存，所以性質屬瞋的忿、恨等五種小隨，不會與根本的瞋、貪並存。

(3) 性質屬貪的慳，不會與根本的瞋、貪並存。

(4) 性質屬貪的憍生起時，整個心中只充滿對自己的迷戀，好像醉酒的人一樣，沉醉迷失，只能與癡並存。

(5) 覆、誑與諂，性質屬貪與癡，可與根本的貪、癡與慢並

存，因爲彼此的性質不會衝突。

粗略的說，一般人各種受心所的感受，能生起的小隨煩惱如下：

苦、捨受	忿、恨、惱、嫉、害。這五個的性質是瞋，產生於所厭惡的境，所以樂受不會生起它們。
樂、捨受	覆、慳。因爲苦受來自逆心的境，而覆是爲了保有喜愛的境；慳屬貪，是貪愛所喜愛的境。
樂、捨受	誑、諂、憍。這三個也都有貪的性質，不與苦受並存。

例如「貪財害命」：(1) 先起根本煩惱的癡與貪，貪愛他人的財物；
(2) 再生起根本煩惱的癡與小隨煩惱的害，謀害他人以奪取財物。

又如下圖，大狗吃東西，小狗靠近了，此時大狗第六識緣取的
境爲小狗，受與思心所是：

1 受心所：不喜歡小狗靠近，逆心，苦受。
思心所：不想分給小狗吃，很生氣，生起根本煩惱癡與瞋。

2 受心所：看到小狗還不離開，逆心，苦受。
思心所：生起癡，並在 1 的根本煩惱瞋之後，產生小隨煩惱忿，想攻擊小狗。

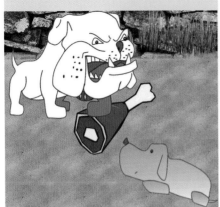

2.中隨煩惱：兩個中隨煩惱與苦、樂及捨三受全部相應（共存）。

(1) 無慚	善心所慚的相反。 不顧自己的道德良心，鄙棄賢人善法；能生長種種的惡行，障礙慚。
(2) 無愧	善心所愧的相反。 不顧世間的輿論公義，崇尚暴行惡法；能生長種種的惡行，障礙愧。

　　惡性的心會同時生出這兩個心所，因為惡心無論對什麼境，都有輕視、拒絕善法，與重視、接受惡法的涵義，所以這兩個中隨煩惱屬於惡性，只要產生時對罪惡都不會感到羞恥。無慚、無愧具有跟貪與癡相關的性質，而所謂的相關，是說此隨煩惱自有獨特的性質，只是須依藉根本的貪或癡先形成之後，自己才能被引生。

　　3.大隨煩惱：中隨與大隨煩惱的性質不像小隨那麼粗猛，所以能與全部的根本並存。而大隨更是一般人不易自覺的通病，在任何染污的識中，八個大隨會被根本帶動而生，且與苦、樂及捨三受全部相應。但掉舉與昏沉嚴重時，兩者不會同時生起。

(1) 掉舉	對緣取的境，心思不能寂靜安定。 能障礙善心所的行捨與「奢摩他」❷。
(2) 昏沉	對緣取的境，內心昏懵沉重，不能清楚面對。 能障礙輕安與「毗缽舍那」❷。
(3) 不信	善心所信的相反。 能使人懈怠，染污一切心與心所。
(4) 懈怠	善心所勤的相反。 能障礙精進，增長染污的行為。

---

❷ 奢摩他譯為「止」，止寂，止息一切的雜念；毗缽舍那譯作「觀」，勝觀，以正慧來觀察。止觀雙運是佛教修習定慧、得解脫的一種方法。

(5) 放逸	善心所不放逸的相反，由懈怠及貪、瞋與癡而起。其性質屬此四者的組合。 能障礙不放逸，減損善法，增長惡法。
(6) 失念	忘失正念，不能明白記住所緣取的境界。性質屬染「念」及癡。 能障礙正念，造成散亂。
(7) 散亂	不能專心對一境，所緣取的境變化不定。 能障正定，產生惡慧。
(8) 不正知	對於所觀的境，產生不正確的知見。性質屬染「慧」與癡。 能障礙正知見，使人作惡、毀犯戒律。

　　將惡心與有覆無記心可能會生起的煩惱心所，整理如下：

　　一、惡心：共十個，瞋、忿、恨、惱、嫉、害、覆、慳、無慚、無愧。

根本煩惱	瞋，瞋只屬於惡心，因為會損惱自己與他人
小隨煩惱	性質屬於瞋的：忿、恨、惱、嫉、害
	性質屬貪與癡的：覆，因為已造罪業，不贖罪或懺悔，又故意隱藏罪業，以後必遭受苦果，只屬於惡心
	性質屬於貪的：慳，貪求無度，染著遠超過「貪」，只屬於惡心
中隨煩惱	無慚、無愧只屬於惡心

　　二、惡心或有覆無記心：共十六個，貪、癡、慢、疑、惡見、誑、諂、憍與八個大隨煩惱。

根本煩惱	貪、癡、慢、疑、惡見
小隨煩惱	屬於貪與癡的：誑、諂
	屬於貪的：憍
大隨煩惱	全部八個

　　舉例說明根本與隨煩惱的生起。我們都知道白雪公主的故事，以下寫出她的後母——皇后，隨著外境改變的第六識如下：

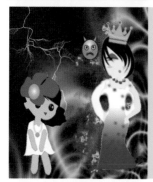

皇后，妳是個美麗的女人，然而白雪公主更美麗。

魔鏡

1
受心所：皇后不是最美麗的，屬於逆境，苦受。
思心所：皇后厭惡這個事實，很生氣，生起根本煩惱癡與瞋，以及中隨煩惱無慚、無愧，沒有羞恥心。

2 皇后從此視白雪公主為眼中釘：
受心所：每天看到白雪公主就不高興，苦受。
思心所生起：
(1) 根本煩惱癡
(2) 小隨煩惱嫉
(3) 中隨煩惱無慚、無愧，沒有道德、倫理。

3 白雪公主逃到森林後，皇后更偽裝成一個農婦，誘騙白雪公主吃下毒蘋果，使她昏了過去……：
受心所：嫉妒白雪公主的心無法止息，苦受。
思心所生起：
(1) 根本煩惱癡，因為不明事理，偽裝騙人。
(2) 小隨煩惱害，在 嫉之後，又想要殺害白雪公主。
(3) 中隨煩惱無慚、無愧，沒有羞恥心，犯罪害人。

將不同時期所產生的主要煩惱，列於下表：

	1	2	3
根本煩惱	癡、瞋	癡	癡
小隨煩惱		嫉	害
中隨煩惱	無慚、無愧		

第三節 ▍ 不定心所

簡略的講，不定的意思是說：「同一個心所的性質可能是善、惡或無記性。」共有四種不定心所，只存在於第六識。

1.悔：後悔、懊悔，有兩個意思：對已經做過的事，事後再後悔；或因先前沒有做，而後悔沒做。因為悔能使心追悔不安，所以悔會障礙「止」。

依照後悔的事不同，悔有善、惡與無記三種性質：

● 善：後悔所做過的惡事，或沒做的善事，即佛教的懺悔。可與十個善心所相應並存，但輕安除外，因為定中才有輕安，而且不會有其他的念頭。

● 惡：後悔所做過的善事，或沒做的惡事。只能與根本煩惱的癡相應並存，因為悔的心思粗重，而其他根本煩惱的心思較細密。可與中、大隨煩惱一起生起，但不能與小隨煩惱共存，因為彼此的性質都屬粗重，只要生起時，就

成爲心念的主宰，容不下對方。

- 無覆無記：後悔無覆無記性的事；因有覆無記的心思也屬細密，與悔不相應。

2.眠：睡眠。能使身體無法自主，第六識的作用弱劣、不明利，不像清醒時可明利的緣取六塵境界，故只能緣取內境，闇劣的運作，會障礙「觀」。也有三種性質：

- 善：睡眠是爲了調適身心，以利行善。可與輕安除外的十個善心所相應。

- 惡或有覆無記：因爲懶惰或好逸惡勞等原因，而貪多睡眠。與煩惱心所全部相應。

- 無覆無記：睡眠是因爲無覆無記的事，例如生理需求。

3.尋：尋求，對「意言境」粗略的尋求，並簡略的推度。

4.伺：伺察，對「意言境」細密的審察。

這裡是將「思心所與慧心所對意言境的組合作用」再另外定義爲尋、伺，「意言境」是尋、伺所緣取的名身、句身、文身（參照附錄三），此三者能組成語言。尋是「思」的部分多，「慧」佔少分；而伺則與尋相反。思多慧少則推度不深入；思少慧多就能深入推度。色界的初禪又名「有尋有伺定」；二禪以上的禪定稱爲「無尋無伺定」，即二禪以上無尋、伺，第六識不再對語言義理推度分別，但是其思與慧心所還是有作用的。

- 善：與尋（或伺）伴隨，生起善心所。

- 惡或有覆無記：跟尋（或伺）一起，產生煩惱心所。

- 無覆無記：和尋（或伺）同時，形成了無覆無記性的心念。

　　尋（或伺）可和悔、眠共存，並與全部的善心所和煩惱心所相應。可以用蝴蝶在花園裡覓食來形容尋、伺：

尋心所：選好花朵以後，從開始飛行至抵達目標的這段歷程。

伺心所：停留在選好的花，細心的吸食品嘗花蜜。

　　因為粗心與細心不同，尋與伺不能同時生起；五別境心所能與四不定心所共存。大略的說，一般人各種受心所的感受，能生起的不定心所如下：

苦、捨受	悔，因為悔生起時，不會快樂。
苦、樂或捨受	眠、尋與伺。

　　色界與無色界的眾生都是在勝妙的禪定中，不須要睡眠；有趣的是，唯識學認為睡眠也是一種心理反應！而目前科學將睡眠狀態分為：

一、快速動眼期（REM, Rapid eye movement）眼球會快速運
　　動，是作夢的階段；

二、非快速動眼期（NREM），又分成 I、II、III、IV 四個
　　不同的階段，各有不同的生理特徵（如腦波、肌肉張力
　　等）；REM 與 NREM 會循環出現，在第 II 階段時，眼球
　　不再運動，作夢在此時也極少出現，這應該就是第六識完
　　全停止，只有第七、八識作用的時候！

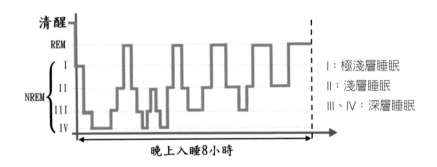

淨色根與神經系統

在物質世界裡，五根取得五境能產生前五識，而五根分為兩個部分：

浮塵根：又名扶塵根、扶根塵（扶助淨色根的塵法），肉眼可見，如眼球、耳朵、神經、血管等器官。

淨色根：也叫勝義根，質淨而細，肉眼不可見，只有佛眼與天眼能見，看似琉璃或珠寶光。必須經由淨色根的作用，才能在無形的心中，生起前五識。

第一節 ▎淨色根

漢傳佛教對淨色根的描述不多，所以這裡依據藏傳佛教宗喀巴大師（1357～1419年）所著的《密宗道次第廣論》、第三世大寶法王（1284～1339年）所寫的《甚深內義》、與八世紀藏醫學家宇妥‧元丹貢布等所作的《四部醫典》，闡述人體的脈分為三類：

1. 白脈：神經系統，能夠傳導電訊號，包括腦、脊髓和神經。

2. 黑脈：心血管循環系統，依照血液的運輸方向可分為動脈、靜脈與微血管；血液可以傳輸各種營養成分、氧、激素等等。

3. 氣脈：根本氣脈共有120條，次要的支分脈有數萬條，不同的氣脈內有相異的氣運行。頭部的根本脈有32條，其中，左脈、中脈與右脈3條脈是最重要的生命脈；還有29條是連繫前六識與物質世界之間的橋梁，亦即淨色根，就如《廣論》所說的「又

於身心中，有五脈安住，由身語意別，說為二十四」。其他的根本
脈有維持器官運作等功能。

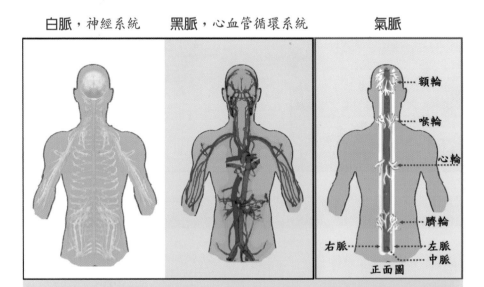

白脈，神經系統　　**黑脈，**心血管循環系統　　**氣脈**

額輪

喉輪

心輪

臍輪

右脈　　　左脈
中脈

正面圖

120 條根本氣脈：頭部的 32 條根本脈，如張開的雨傘傘骨一樣，稱為額輪；又
在喉嚨、胸腔、肚臍處的根本脈，各有 16、8、64 條。這四處脈輪，在宋代、
元代時期，漢譯的一些密教經典中，也有提及。

「氣」正常運行時，身體的各種系統才能發揮作用，維持生命
現象，因此以上的三類脈，以氣脈最重要；而氣脈又以中脈為首
要，當受精卵在母體形成時，會最先發展中脈，其他的脈都必須根
據中脈才能生長。

在頭部裡面，腦、神經與血管都屬於浮塵根，它們的作用是：

1. 配合左、中與右脈 3 條生命脈，維持生命現象；

2. 扶助 29 條淨色根，作為前六識與物質世界之間溝通的橋梁。

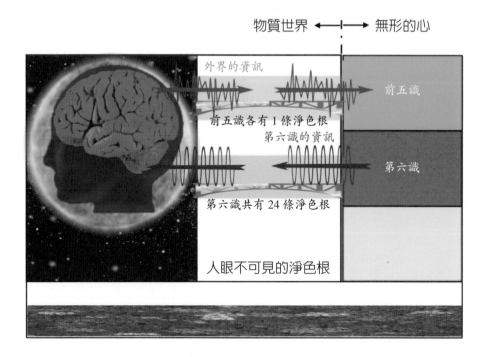

五根被第六識操控，去緣取、注意特定的境。而五官與相關的神經系統、血管都屬五根的浮塵根，當它與頭部的 5 條淨色根同時作用時，取得五境就形成前五識：

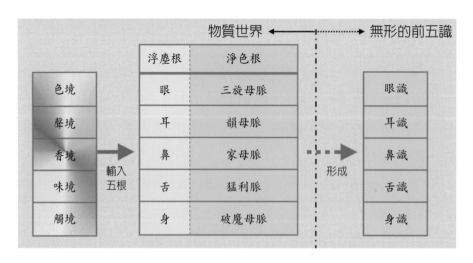

經論只有記載破魔母脈的位置，是上自舌端、下至臍部，在中脈的旁邊。

當第六識想要在世界造作身、語、意業時，也必須透過頭部的24條淨色根，帶動其他氣脈、腦、神經、血管與肌肉等等，才能表現於物質世界中：

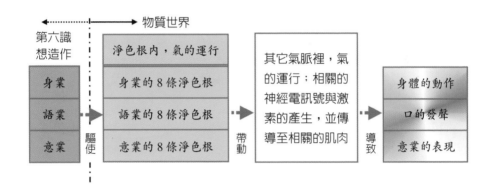

欲界眾生以物質的色身為生命的所在，所以作為心理活動中心的第六識，其心所的任何精神活動─苦樂的感受、概念、意志與情緒等等，無論是故意或無意，都會表現在身體上（關於這點，你只要照顧幼童24小時，就會深信！）。

因此上述意業的表現不只是附錄一的善、惡等心所，也包括第六識每一種心所的活動，它們都會在相對的意業淨色根中，驅使氣的運行，而且不一定要經由意志控制，自然就會在身體引起生理與行為反應：

1.生理反應（身體內部）：心跳快慢、血壓高低、體溫高低、呼吸深淺、肌肉張力等等。

　　2. 行為反應（身體外部）：臉部表情、肢體動作、聲音的變化等等。例如：

虔信的臉部表情	笑容滿面、手舞足蹈	髮指皆裂
善心所：信	受心所：樂受	煩惱心所：瞋

　　當第六識停止作用，如心跳、體溫等基本生理活動，完全是由第八識的色法種子所顯現；而只要第六識生起時，就會透過淨色根來影響這些生理活動。

　　最後，令人惋惜的是經論沒有闡釋每條淨色根的位置與功能，還好現今可以透過神經科學的研究，建立腦部（浮塵根）功能與前六識心所的關係，詳述於下一節。

第二節 ▌ 神經科學

　　科學家還沒有辦法找到無形的「心」與微細的氣脈在哪裡，但已可用精密的現代科學儀器，觀察到人類的腦部會與意識活動同步變化，就像造影技術「功能性磁振造影」（fMRI，functional magnetic resonance imaging），它是根據腦部 被活化的區域，會比其它區域流入較多帶氧血液，故以腦部神經活動產生的局部血流變化量為偵測對象，能夠概略的觀察意識活動時，有哪些腦部區域被活化。

　　例如右圖中，紅、黃色部分是做簡單數學題目時，大腦被活化的區域。又必須知道，因為腦部血流速度比神經傳導速度緩慢，所以 fMRI 顯示的影像，無法與神經活動同步，也不能即時反應氣脈和意識的活動，因此 fMRI 可觀察到的只是意識活動的顯著部分。

　　以下就用目前科學研究的成果為例❶，建立腦部功能與前六識心所之間的關聯性，每例都是先介紹科學的觀察，再以唯識的理論解說：

---

❶ Giovanni Frazzetto (2014)。《其實大腦不懂你的心》。林肇賢、劉子菱譯。臺北：商周。
　新星出版社著；中村克樹監修 (2014)。《徹底圖解大腦的奧秘》。高智賢譯。新北市：楓樹林。
　腦的美麗境界。財團法人精神健康基金會。2014.10.30 取自 http://www.mhf.org.tw/wonderfulbrain/guide.htm

例一、「火燒功德林」是形容瞋怒的情緒，因為瞋怒之火會障礙修行、造成自他的身心傷害；然而對腦造影技術而言，強烈的情緒卻是容易觀察的一種現象！下圖是看到令人瞋怒的事物時，視覺訊息的傳遞路徑，神經科學將它分為兩種：

1.自動化歷程，1 → 2，單純的生理反應；

2.意識的歷程，a → c，意識的參與，可以思考、調節情緒，其運作包括回饋機制。

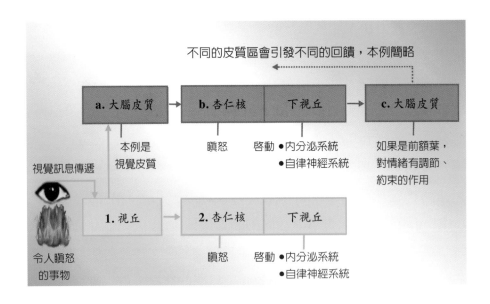

腦部各區域的作用如下：

視丘：位於大腦左、右半球的中心，被稱為腦的中繼站，除了嗅覺以外，其他的感覺訊息都必須經過視丘，再傳送到特定的區域。

大腦皮質：是大腦表面由神經細胞組成的薄層，厚度約 2.5mm，是掌管智力與意識活動的中心；大腦皮質分為許多區，

如視覺皮質、聽覺皮質、前額葉等，各有其功能 ❷。

視覺皮質：在大腦後方的皮質，負責處理視覺訊息。

腦區的粗略示意圖

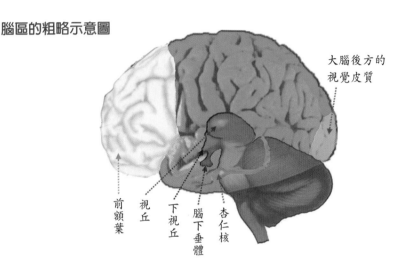

大腦後方的
視覺皮質

前額葉　視丘　下視丘　腦下垂體　杏仁核

杏仁核：被稱為「情緒中樞」或「恐懼中樞」，它的主要功能為掌管憤怒、驚嚇與恐懼等負面情緒，引起負面情緒的感覺訊息都會傳入杏仁核。

下視丘：有兩種作用

一、支配自律神經系統，主要是交感神經和副交感神經。

　　●面對負面情緒會使交感神經興奮，引起心跳加速、瞳孔放大等身體緊張狀態，並使腎上腺髓質分泌腎上腺素與正腎上腺素到血液中，以提升血壓、血糖濃度與心跳，此時血液也轉移到骨骼肌。

---

❷ 第六識資訊傳到神經系統的第一站，應該是大腦皮質。

●副交感神經興奮時，會引起心跳減慢、瞳孔縮小等身體放鬆
　狀態。

二、調控賀爾蒙系統。

　　下視丘本身分泌激素（賀爾蒙），也調控腦下腺釋放多種激
素，使在需要時進入血液循環內。於負面情緒，下視丘會引發
一連串的激素反應，促進體內利用蛋白質合成葡萄糖，與其他
反應，來準備應付長期的壓力。

前額葉：是大腦前方的皮質，爲理性的中心，掌管複雜的思考，可
　　　　調節或約束杏仁核的情緒反應。左、右兩側前額葉負責相
　　　　反的情緒，左側調節正面情緒、右側是負面情緒。一般來
　　　　講，正面情緒包括愉快、滿足、樂觀、興奮、親情等；負
　　　　面情緒包含不愉快、憤怒、恐懼、憂慮、厭惡等；又必須
　　　　注意的是，心理學所稱的愉快、不愉快情緒，在唯識學則
　　　　定義爲受心所的樂受、苦受。

　　將神經科學描述的兩種歷程，對照唯識學來看，則是

　　1.自動化歷程：由五境引起的生理反應，經由淨色根轉化而成
前五識；

　　2.意識歷程：以前五識的相分爲境，生起第六識，而第六識的
心所會驅使身、語、意脈的氣運行，引發腦部某些區域的活化。

　　以自動化、意識歷程爲主，各別對照眼識、第六識的心所，可
得到以下的對照表：在表一，視覺訊號傳到 1.視丘時，就經由三
旋母脈，產生眼識的觸心所；於表二，當第六識觸心所形成時，會
透過意業的脈，活化視覺皮質；其餘各欄請依此類推。

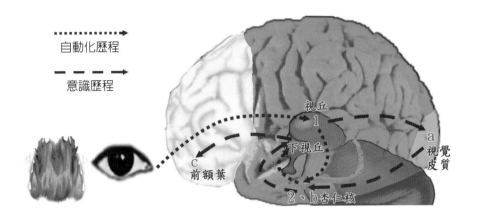

表一、自動化歷程：

科學的研究	腦部：單純、直接的生理反應	1. 視丘：自動化歷程的起點；並將視覺訊號傳給視覺皮質	作意，尚無資料	2. 杏仁核：視覺造成的生理感受是負面的，再由下視丘引發身體的反應	想，尚無資料	
唯識的理論	淨色根	三旋母脈：生理反應透過三旋母脈，產生無形的眼識				
	眼識：由腦部的生理反應轉化而成	觸：形成眼識；並將眼識相分傳給第六識為境	作意：第六識的作意使眼根繼續以下的作用	受：感受是苦受	想：認知	思（無）

表二、意識歷程：

唯識的理論	第六識：第六識活化腦部的活動	觸：第六識形成，其境即眼識相分	作意：見分注意相分	受：感受是苦受	想：認知	思：自我意志的思量，能造作善（無瞋）、惡（瞋）等心所
	淨色根	意業的八條脈：無形的第六識透過這八條脈活化腦部活動				
科學的研究	腦部	a. 視覺皮質：意識歷程的起點，視覺皮質接收到視覺訊號	尚無資料	b. 杏仁核：意識的情緒是負面的，再由下視丘引發身體的反應	本例省略	c. 前額葉：前額葉可進行複雜的思考，其左側調節正面情緒、右側負責負面情緒

在以上兩個表格中，各對照科學、唯識兩列，可觀察到腦的各部位活動與識的心所，兩者的一致性。又科學也發現，當左前額葉活動時，除了會有興奮的感覺以外，還能抑制杏仁核的活性，降低負面情緒的影響。

唯識學的善、惡心所與心理學的正面、負面情緒不是完全相同，因為善、惡心所是以因果法為立足點，也考慮了「來世」、以及「是否可以解脫輪迴？」等條件，所以善、惡心所的定義是較縝密的。好比垂釣，大家都說是一種休閒娛樂，但若考慮不同的立場，就各有觀點：

 垂釣者：這是修身養性的休閒娛樂，釣到魚時，會生起快樂、滿足等正面情緒

 魚：我因求取食物，就被傷害、誘失生命

唯識學兼顧了垂釣者和魚，雙方的利害得失，認為垂釣者雖然產生正面情緒，卻是屬於「癡」、「貪」的惡心！

在本例也順便說明：現代科學把「視覺」的形成，描述如以下的歷程：

視覺訊息 ⟶ 1.視丘 ⟶ a.視覺皮質 ⟶ 形成「視覺」
　　　　　　　　　　　　（意識的作用）

此歷程若以唯識學分析，則是：

識覺訊息的位置	唯識學的涵義
1. 視丘	形成眼識的觸心所，並在此處將相分傳給第六識作為境
a. 視覺皮質	第六識的觸心所

因此科學所定義的「視覺」（及其它感覺），是在第六識的觸心所形成！

例二、醫學研究指出，當腦部受到損傷時，會影響身體和心理的機能，例如：

（一）**感覺障礙**：對外界刺激的感覺能力減退或異常增高，或對外界刺激物的性質產生錯誤的感覺，會廣泛影響各種心理活動，並造成意識的知覺障礙，使運動反饋訊息紊亂而導致運動功能失調。

唯識的說明：形成前五識是一種簡單的系統活動─輸入、轉換、輸出，輸入的外境與輸出的感覺，兩者性質完全相同，而轉換的作用則是由浮塵根與淨色根共同進行：

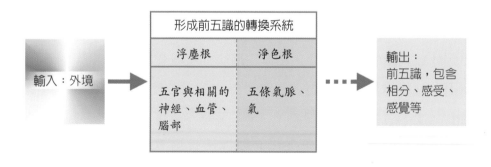

所以在轉換系統裡，任何部位受到損傷時，自然就會輸出異常的相分、感受或感覺等。

（二）**運動功能缺陷**：包括癱瘓、平衡能力差、動作遲緩、吞咽困難等。

（三）**語言缺陷**：發聲肌肉（如嘴唇、舌頭）控制不良；無法正確或連續的，以口說的方式使用語言等。

唯識的說明：前五識的相分傳入第六識後，第六識會形成各種心所的精神活動，再輸出身體的運動、口的發聲、與意業的表現。

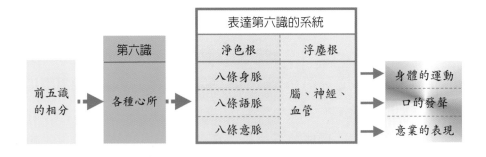

當表達第六識的系統，或者是形成前五識的轉換系統裡，腦部或任一部分有變異時，就會造成以上幾項的缺陷。

（四）**認知缺陷**：包括注意力範圍縮小、短期記憶下降、解決問題或判斷的能力欠缺，和無法理解抽象概念。

（五）**性格變異**：個人對待現實世界的態度改變，而且表現在行為上。著名的例子是西元 1848 年時，有位美國人的前腦部被鐵棍穿過，大難不死後有明顯的性格改變，他本來機敏有

禮、對人和氣；但發生意外後，卻變得優柔寡斷、反復無常。
唯識的說明：外境訊息的輸入、以及第六識要表達的行為輸
出，都要經過腦部，所以腦部有任何變異時，會立即影響這
些輸入與輸出。

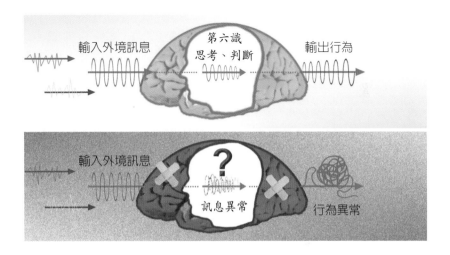

當腦部有長期變異時，更會影響個人的性格，改變人的行為
特質。因為行為特質是第六識根據自我的執著所顯露，當腦
部變異使「自我」的認定產生變動時，自我的執著與行為特
質也隨之而異。

　　第六識的我執以五蘊為「自我」，這裡根據本例以上各圖，並
將腦部略分為兩區 ── 形成前五識的轉換系統、表達第六識的系
統，各簡稱為前五識區、第六識區，解說腦部損傷對五蘊造成的變
化如下表：

五蘊的定義	本欄的1、2兩項，各表示前五識區腦損傷、第六識區腦損傷，對五蘊造成的改變
色蘊： 五根、身體、世界	1. 物質的前五識區變異。 2. 物質的第六識區改變。 以上兩項，都會使個人身、口、意的行為表現異常，這些行為表現會成為下一個心識的境。
受蘊：受心所	1. 會改變前五識的相分、與五根感受的能力；如果前五識的異常相分輸入第六識，也會使第六識的感受不符現實。 2. 使第六識的感受不能正常表達。
想蘊：想心所	1. 參考上列，前五識的異常相分，會讓前五識有不正常感覺；此相分輸入第六識時，能讓第六識的認知與現實脫節。 2. 讓第六識的認知表現異常；以及使用語言、聲音的功能失常（參考例三）。
行蘊： 觸、作意、思心所等	1. 會影響五根取得、注意外境的能力；前五識的異常相分使第六識無法正確的判斷，而做出錯誤的決定與行為。 2. 第六識造作的身、語、意業表現失常。
識蘊：前六識	1. 前五識區腦損傷會改變前六識。 2. 第六識區腦損傷也會使前六識變異。

　　在五蘊變易後，再隨著個人第六識對色蘊、受蘊……與識蘊，各生起不同程度的執著，就形成因人而異的我執。

　　順帶一提，八種識中，只有第七識不與外境直接接觸。在壽命延續的期間，第八識所藏的色法種子會不停的顯現生命現象，而且第八識也不斷的緣取物質的根身、世界為境，所以是否與前六識一樣，第八識也有跟物質世界連繫的淨色根？即使經典秘而未宣，若考慮人體的根本氣脈共有120條，頭部的29條是前六識的淨色根，剩下的91條是否有一些為第八識的淨色根？參考目前的科學發展，雖然還未能觀察到氣脈，但已知道在人熟睡無夢、前六識停止作用時，仍有

處在活躍狀態的腦區，它們有可能就是第八識的浮塵根嗎？

再舉例說明第六識想心所與思心所說話的功能：

例三、「請你先以眼睛看本句文字，再用口將它念出聲。」此時，文字訊號首先傳到你的 a. 視覺皮質，再傳到 b. 韋尼克氏區（Wernicke's area），接著到 c. 布洛卡氏區（Broca's area，位於額葉），最後到 d. 運動皮質使口念出聲。

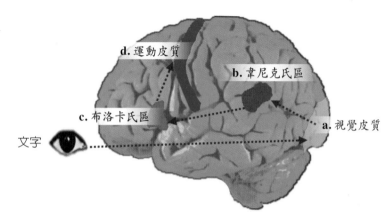

為簡化分析，只探討第六識：

唯識的理論	第六識	觸：即 a 第六識形成，相分即文字訊號	作意：注意	受：感受是捨受	想：即 b 認知文字的含意，形成概念	思：即自我意志 c. 思量要用的語言、文字與動作（可能已生起尋或伺心所）；d. 驅使口、身體做出行動
	淨色根	意業的脈				意業與口業的脈
科學的研究	腦部	a. 視覺皮質意識的起點，視覺皮質接收到文字訊號	尚無資料	本例被省略（應該是捨受，所以不會活化任何腦區）	b. 韋尼克氏區（又區分成聽覺性語言中樞、和視覺性語言中樞）：負責語言與文字內容的理解	c. 布洛卡氏區能下達指令給掌管嘴唇、舌頭、喉頭等肌肉運動的運動皮質；d. 運動皮質：會發出訊號給身體特殊部位的肌肉細胞，造成口說話、身體寫字等行動

　　對照上表的唯識、科學兩列，也能發現腦的各部位與識的心所，兩者活動的一致性。

　　神經纖維所組成的弓狀束（Arcuate fasciculus）連接布洛卡氏區與韋尼克氏區，如果布洛卡氏區、韋尼克氏區、或弓狀束損傷時，都會使人產生語言障礙：

● 韋尼克氏區損傷的患者即使能聽見話語，卻無法理解它的意思，即使是自己講的話也不能理解；

● 若弓狀束損傷會導致患者雖然能聽得懂語言，但講話時卻雜亂無章，而且無法複誦字詞；

● 當布洛卡氏區損傷，會使人的言語表達產生障礙，此時，病人對於語言的理解能力正常，但是說話不能流暢。

　　再以唯識的觀點來看，說話的作用必須同時仰賴想心所、思心所、氣脈、與上述三個腦部位等的正常運作。因此，上述三種症狀，若只是單純的生理因素，則是由第八識的色法種子所現；然而，內心第六識的語言障礙，也有可能是心法種子的異常所造成！

　　例四、科學將「記憶」定義為腦部編碼、儲存與檢索資訊的能力，

　　編碼（encoding）：取得資訊並且整理、組合。

　　儲存（storage）：將整理、組合過的資訊做紀錄。

　　檢索（retrieval）：將儲存在記憶中的資訊取出。

　　而且腦部並沒有一個區域專司這些能力，而是分散於許多地方，例如下圖的一些位置：

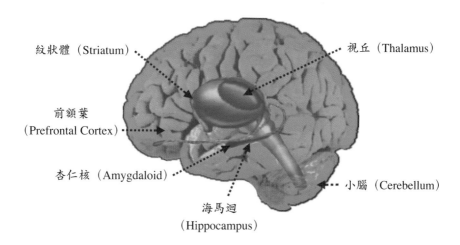

　　唯識的見解是記憶來自心法種子。由於第六識在觸心所生起後，其後的心所發揮功能時，是以俱生與分別法執、俱生與分別我執四種執著為基礎，這些執著就是記憶的一種，而且心所也會用到其它記憶：比如，第三章第二節作意心所的念力；想心所使用以前學過的語言、文字等等，因此前六識心所活化腦部相異部位時，看起來就像是不同的記憶跟許多腦部位有所關連。

第六識的心所

| 作意 | 受 | 想 | 思 | .... |

以俱生與分別法執、俱生與分別我執為基礎
（這四種執著的作用，類似心理學的潛意識）

　　又再討論曾於例一說明過的杏仁核，科學家認為：「恐懼記憶的獲得過程，以及恐懼記憶的表現，需要杏仁核的參與」這是根據對老鼠的恐懼制約（fear conditioning）實驗，

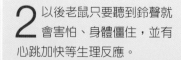

先讓老鼠聽到鈴聲，然後再電擊腳掌。如此連續刺激。

以後老鼠只要聽到鈴聲就會害怕、身體僵住，並有心跳加快等生理反應。

痛苦來自身體

痛苦來自心理

　　分析如下：

科學	唯識
老鼠耳根聽到鈴聲	耳識的相分是鈴聲，受心所是捨受。
身根受到電擊，杏仁核活化使身體緊張	身識的相分是電擊，受心所是苦受，活化杏仁核使身體緊張。其後第六識以身識的相分為境，受心所是苦受，再活化杏仁核讓身體緊張。
如此連續刺激	第六識思心所思量、誤認「鈴聲與電擊是接續產生的外在刺激」形成分別法執，此分別法執的心法種子會儲藏於第八識。

②

科學	唯識
以後老鼠只要聽到鈴聲就會害怕……	耳識相分是鈴聲，受心所是捨受。 第六識以耳識相分為境，以法、我執四種執著為基礎生起受、思心所（分別法執──鈴聲與電擊會接續產生，都是痛苦）： 受心所：苦受，活化杏仁核讓身體緊張，造成心跳加快等生理反應。 思心所：擔憂、害怕，使身體僵住。

以上科學的觀察，都能以唯識理論完整的解釋。

最後，本章僅用以上四個科學實例，還不足以證實（或證偽）唯識學前六識的理論，但是可以看出科學與唯識的一致性。而現代的神經學者，對腦組織的機能也還沒有完全相同的看法，例如

1. 大腦皮質功能的分區方式，還有許多不同的說法；

2. 「腦內的電與化學反應就是意識」有人贊成、也有人反對，而目前還找不出答案。

如果神經科學在研究腦部活動時，能以五遍行等心所的理論為根據，相信就可以證實前六識的理論，或許也可讓科學研究更快的獲取成果！而最容易證實的唯識理論，應該是觀察〔貪、瞋〕；〔慳、貪〕；〔瞋、忿、恨、惱〕等等，每一括弧內成員所造成的腦波型式，是否能同時並存於腦部？（目前腦波依頻率分為 β、α、θ 及 δ 等波）

　　形成前六識根本的因是心法種子，腦部的生理活動只是前六識的緣、是連繫心與物質世界的橋梁，心理與生理功能錯綜複雜的關係，是無量因、緣顯現的果報，追根究底恐怕不是人類的能力所及，但是，希望在腦造影等技術更進步時，以及科學家也能確立意識和腦兩者的關係，或許不需等到氣脈被科學家觀察到，日新月異的神經科學，就能來證實流傳千餘年、不變的唯識學，能如李炳南老居士所說：「佛教卻因著科學發達，處處與他作了證明」！

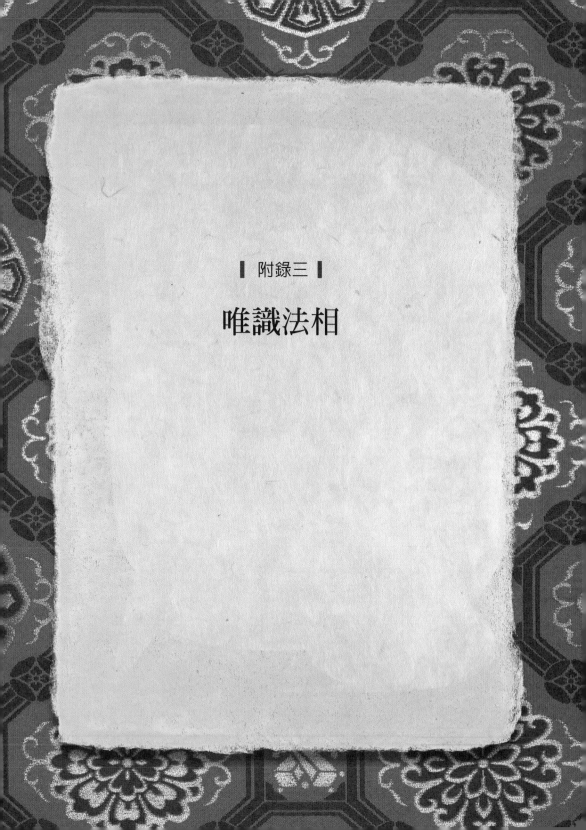

附錄三

唯識法相

　　無窮無盡的法「唯心所現，唯識所變」，只能擇要說明唯識學常用的法相——法的義理、性質。首先，認識我們自己的世界：

　　依照生活的痛苦或快樂，眾生的世界可分類爲六道；如果按照對物質的貪愛程度與精神狀態，則眾生的世界就區分成三界－欲界、色界與無色界。

　　在欲界的人類與其他五道眾生，貪愛物質享受，執著種種欲望，尤其是食欲與淫欲，所以眾生用眼、耳、鼻、舌與身五根，在物質世界中取捨色、聲、香、味與觸五境，第六識散亂不定，產生很多煩惱。

　　若欲界眾生認清五境會擾亂生理和心理，不再貪愛、執著五境，想要捨棄，此時只要去惡行善、修習禪定成就，在命終就能離開欲界，投生到色界或無色界，成爲離欲的天人。其所修習的禪定可分爲四種色界定與四種無色定，佛學術語「四禪八定」其中的「四禪」即指四種色界定，再加上四種無色定，即合爲「八定」。

第一節 ▍ 四禪八定

　　要細述三界眾生不同的精神狀態，須將心識緣取順、逆境時，屬於生理反應的前五識感受稱爲「樂受」、「苦受」，歸於心理反應的第六識感受叫作「喜受」、「憂受」。

色界

　　色界及無色界的天人都已斷除食欲與淫欲，藉由禪定的功夫能暫伏根本煩惱「瞋」、小隨「忿、恨、惱、嫉、害、覆、慳」、中隨「無慚、無愧」、以及不定心所「悔、眠」，使它們在此生不起作用。色界有四種色界定（又名四靜慮）：

　　(1) 初禪定（又稱離生喜樂定）：

　　欲界眾生想要捨離欲界的五境，修行善法成就「初禪定」時，就不需鼻、舌兩根的作用，鼻識與舌識最先捨離，但眼、耳、身三識仍存，能生樂受；第六識也有喜受、以及「尋」、「伺」兩種會擾亂禪定的心理功能。

　　(2) 第二禪定（定生喜樂定，此處的「樂」是指輕安的快樂，不是樂受）：

　　在初禪定中，厭捨「尋」、「伺」，繼續攝心在定，澹然澄靜，可成就「第二禪定」，此時眾生已無前五識，所以沒有樂受，也暫伏小隨煩惱「誑、諂」；而第六識於定中，仍有喜受。

　　(3) 第三禪定（離喜妙樂定）：

　　在第二禪定，因喜心湧動，覺得此定仍不堅固，故攝心細觀，當喜受泯謝時，即入第三禪定。此時，內心會有勝妙大樂生起，此妙樂遠超二禪以下的喜、樂受，又四禪以上只有捨受，所以這是眾生所能感受的最大快樂。

　　(4) 第四禪定（捨念清淨定）：

　　於第三禪定，又覺得定中的妙樂使心不清淨，故一心精進厭

離，當心中清淨平等，苦、樂雙忘，只住於捨受正念時，即入「第四禪定」，此時身體不需要呼吸就能維持生命。

第一至第三禪定又名「有動」，因為初禪有尋、伺動搖身心，二禪為喜心所動，三禪被妙樂所動；只有第四禪定稱為「不動」，沒有擾動禪定的八種災患——尋、伺；苦、樂、憂、喜四受；出、入息（呼吸）。成就這四種禪定，能使眾生投生到色界中相應的禪天：

四種禪定	相應的禪天	隨著定力的淺深，禪天再細分為
初禪定	初禪天	三層：梵眾、梵輔、大梵天
第二禪定	二禪天	三層：少光、無量光、光音天
第三禪定	三禪天	三層：少淨、無量淨、偏淨天
第四禪定	四禪天	九層：無雲、福生、廣果、無想、無煩、無熱、善見、善現、色究竟天

色界四禪天，共細分為十八層天，最低的是梵眾天，最高的是色究竟天，色究竟天以上就是無色界。

無色界

無色界共有四層天，只有精神、沒有四大所成的物質，天人只有第六、七與八識，禪定的功夫比色界更深。修習以下四種無色定（也稱四空定），能使人投生到無色界：

(1) 空無邊處定：

入「第四禪定」的眾生厭患色相如同牢獄，想要出離，所以第

六識捨棄一切的色相，一心念空，以虛空爲定境而入「空無邊處定」，此時第六識無礙自在，如鳥出籠飛騰自若。

(2) 識無邊處定：

入「空無邊處定」是緣取外界的虛空，而虛空廣無邊際，緣取久時又使定心散亂，故第六識轉而向內緣取，以自身相續無盡的過去、現在、未來三世爲定境，清淨寂靜而入「識無邊處定」。

(3) 無所有處定（「無所有處」即不緣外界虛空，也不緣內心三世）：

入「識無邊處定」的眾生，因爲所緣取的三世無量無邊，緣取久時也使定心散亂，因此認爲心無依倚，乃爲安穩，於是捨棄內外二處，諸想不起，怡然寂靜而入「無所有處定」。

(4) 非想非非想處定

「識無邊處定」又名「有想」；「無所有處定」也稱「非想」。入「無所有處定」的眾生，厭患此處如癡如醉、如眠如暗，於是一心專精，在非「有想」、非「非想」中，常念不捨，精進不已，不見有無，泯然寂絕，即入三界最高的「非想非非想處定」。

修習此四定成就，能使人各投生到無色界的空無邊處天、識無邊處天、無所有處天、非想非非想處天。唯識學依照不同的精神狀態，將眾生分類爲「九地」或作「九居」，其中，無色界的四層天爲四地，色界的四禪天也是四地，而欲界只算一地；無色界最頂端是非想非非想處地，色界最低的是離生喜樂地，欲界則統稱爲五趣雜居地——是地獄、鬼、畜生、人、天（含阿修羅）雜居的地方。

第二節 ▎五位百法

彌勒菩薩講《瑜伽師地論》，將宇宙萬法概分爲六百六十項，後來天親菩薩爲了方便行者認識、受持萬法的綱要，從中又擇要取出百法，造《大乘百法明門論》。而本節是再依據唐朝窺基大師的《百法明門論解》與明朝蕅益大師的《百法明門論直解》所寫。

百法分爲兩大類：有爲法、無爲法，「爲」的意思是造作、生滅、來去。

有爲法就是有造作、生滅、來去的法，依不同的作用分成三種（四位）：

● 能緣慮的作用：眾生能緣取、思慮的心，又分爲心法與心所法兩位

　　一、**心法**：八種識（共 8 項）。

　　二、**心所法**：五遍行、五別境、十一善、六根本煩惱、二十隨煩惱、四不定（共 51 項）。

● 質礙的作用：四大所構成的物質，只有色法一位

　　三、**色法**：五根、五塵、與法處所攝色（共 11 項）。法處所攝色雖不同於五根、五塵有質礙的作用，但它也是「心」所緣慮的境，所以也歸納於色法。

● 以上的心與色法，所顯現的種種現象，會因爲個人因緣不同而有變化、差別，就以

　　四、「**心不相應行法**」（共 24 項）一位，來描述。

因此有爲法共分成四位（計 94 項），若加上五、「**無爲法**」一位（共 6 項），即名爲**五位百法**。

其中，第四位「心不相應行法」既無緣慮、也無質礙的作用，所以全名應為「心、心所、色不相應行法」，但因為心所是「心」所現出的功能、色能形成「心」的相分，故（心所、色）幾字被簡略；且此法又歸屬於五蘊中的行蘊，因此稱作「行」法。

心不相應行法，共 24 項

1. 眾同分：「眾」法都有的共「同」部「分」，亦即彼此都有的相似性質。

根據眾同分，就能區分事物的類別。例如生物學中，人類、猿類、猴類的區別，在於人類所有的「眾同分」——直立的身體、高度發展的大腦等。又如以上百法的分類，是依據有、無造作，而區分有為法、無為法；有為法再按照緣慮、質礙等作用，分為心法、色法等。

2. 異生性：舊譯為「凡夫性」，即六道眾生異於聖者的生性（習性）。

眾生妄計「法執」、「我執」的異生性，與聖人解脫輪迴的「法空」、「我空」二空智性不同；因為眾生迷於異生性，才會在世間輪迴、造作，無有終期。

3. 得：獲得、成就。

在因緣俱足和合，色、心生起時，造作事業而得到成就的狀態，假名為「得」。又如《金剛經》：「實無有法，名阿羅漢。世尊，若阿羅漢作是念，我『得』阿羅漢道，即為著我、人、眾生、

壽者。」其實只是因爲眾生有我執，才會在自心產生得、失，以及阿羅漢、眾生的分別。

4.命根：眾生從受生至死亡之間，色心相續，假名爲命根。具有壽、煖、識三個特徵。

依照各人的業力，在一期壽命中，第八識的種子能維持根身、世界的顯現——壽。並攝持根身當作是自己的本體，令色、心不分離——識。又有些經論說：「四大的火大保持體溫的作用——煖，也是判別命根是否持續的特徵之一」

5.時：時間。

根據色、心瞬間的變化差異，才能顯出時間的流逝。人類又設立短、長的差別，與秒、分、⋯⋯、日、月、⋯⋯的流轉。

6.方：空間中的方位。

根據空間中某一個定點，依其前後、左右、上下的方向，即可標示出方位。

舉例來說，如果年初在台北，有一位媽媽懷孕了，可以說她的胎兒是以下：

何「時」	何「方」	「得」「命根」
在民國 105 年 1 月	在台灣的北方	獲得人類的生命

　　因為迷於異生性，胎兒在得命根後，須再面對以下第 7 ～ 13 項：「生、住、老、死」的歷程，大部分的人會依照「次第」而來，運轉「勢速」，在此生若不能修行成就，就只能繼續生死「流轉」：

　　7. 生：產生、生起、出現等。

　　本來不存在的色、心諸法，現在仗因緣成熟而顯現。

　　8. 住：相似並且相續的顯現。

　　於「生」之後，短暫的時間內，前後連續的色、心相似的顯現，稱為住。

　　9. 老：亦名為「異」，逐漸的衰敗、變異。

　　短暫時間內，前後相續的色、心，顯出衰敗的變異，稱作「老」。

　　10. 無常：亦稱為「滅」、「死」。

　　色、心曾經存在，但現在毀滅、消失或死亡。

　　因緣造作的有為法，都有生、住、異、滅四相，這些過程也叫做「成、住、壞、空」以用來描述器世間 —— 四大積聚而成的星球、國土、家屋，乃至衣服器具等的變異。釋迦牟尼佛教化我們所在的娑婆世界，又稱三千大千世界，共有 $1000^3 = 10$ 億個太陽系，它們會一起循環、經歷這四個過程，其中每個過程須時一個中劫，而成、住、壞、空四個中劫合稱一大劫。成、壞、空三個中劫裡沒有佛出世，佛只於住劫出世。

　　一中劫又包含 20 小劫，且小劫的算法如下：從原始的人壽八萬四千歲開始，每經過一百年人壽會減一歲，一直減至十歲為

止；再由十歲起，人壽每過一百年會增一歲，增至原有的八萬四千歲止，如此一減一增所經歷的時間，稱爲一小劫，所以一小劫＝（84000 － 10）× 100 × 2 ＝ 16798000 年；一大劫 ＝ 4 × 20 × 16798000 ＝ 13 億 4384 萬年。

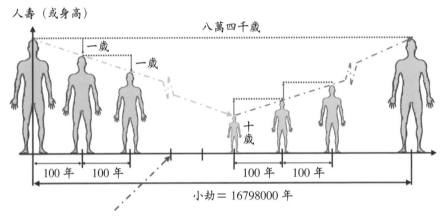

我們現在的教主釋迦牟尼佛是第四尊佛，於住劫的第九小劫人壽八十歲時出世。

　　在壞劫時，會形成破壞物質世界的外在大三災 (1) 火災，燒毀欲界及初禪天；(2) 水災，浸壞欲界，乃至二禪天；(3) 風災，吹散欲界，以至三禪天。

　　且大三災並非全在同一壞劫發生，而是以 64 個大劫爲一週期：「每一大劫中有一壞劫，最前面 7 個壞劫都只有火災，第 8 個壞劫是水災，然後，如此 7 火 1 水再重覆六度，共 56 個大劫後，再 7 個壞劫都是火災，於第 64 個壞劫起風災」如是周而復始。

　　外在大三災與眾生內在的三災相應而起：在初禪天與欲界，眾生都有的尋、伺就是內災，因爲尋、伺的分別作用猶如猛火，熱惱

內心，所以感得外在的火災；二禪天與欲界眾生的喜受為內災，因喜水能潤身，故感外在之水災；三禪天與欲界眾生以出入息為內災，呼吸就是風，感得外在的風災；四禪天無以上的各種內災，因此不感外災。

11. 次第：順序。

一切法的顯現必是前後引生，有一定的次序與規則。例如，一般人的生命過程是生、老、病、死，不會混亂。

12. 流轉：宇宙種種現象，生滅相續、循環不止。

色、心的顯現是由因感果，果又續因，前後相續不斷。眾生在六道世界的流轉，就稱為輪迴。

13. 勢速：種種現象遷流變化，迅速快捷、剎那不住。

諸法流轉迅速，永遠不暫停止。例如，有情的心念生滅、聚散離合，無情的世界變幻運轉、日月如流。

目前地球上，現存人類語言有7000多種，只有2000多種語言有書面文字。語言是人類最重要的交際工具，主要是以聲音來傳遞信息，而「名身」、「句身」與「文身」能組成語言。

14. 名身：諸法的名字；「名」是名字、名稱，「身」的意思是聚集。

名身能解釋諸法的義理、性質，作用是「顧名思義」──看到名稱，就聯想到含義。「名」又分為「單名」，如「屋」、「瓶」；

「二名」以上才叫作「名身」，如「木屋」、「花瓶」；「三名」以上為「多名身」，如「小木屋」、「銅花瓶」等等。

15. 句身：許多「名」組成一段完整意義的「句」；「句身」是一些「句」的組合。

「句」能解釋諸法的差別意義；例如，「人生」是一個「名身」，「人生是無常的」就是一段有道理的「句」，而本書中各個段落就是「句身」。

16. 文身：「文」即書面的文字，包含數字。

文字是人類用來紀錄事物的書寫符號，它可以構成「名」與「句」。

17. 數：數目、數量。

「數」是根據事物的多、少，經由互相比較而假立，能顯示各別事物數量的差別，如一、十。又「數」也包含度量衡——物理量的單位，如公尺、公斤等。

以下描述諸法彼此之間的關係：

18. 定異：必定相異。

佛法的因果關係中，善、惡因生樂、苦果，絕不會混亂，所以善、惡因定異，樂、苦果定異。例如，眾生的身形、壽命、享受也是定異。

19. 相應：互相呼應、契合。

彼法與此法之間，存在有彼此契合的關係，不會相互違背或排斥。例如，因果相應——由因感果，因、果兩者的性質，必前、後互相呼應，不會相互違背。又如面對外境時，瞋可與癡心所相應生起。

20. 和合性：不會互相障礙、隔離的性質。

「和」就如水、乳的融和，「合」如同盒、蓋的相合。例如，氫、氧兩種元素具和合性，可起化學變化，結合成水；麵粉、水、鹽具和合性，能起物理變化，混合成麵糰；又比丘三人以上，身居同一處，心持守同一戒律，修行同一法門，稱爲和合僧。

21. 不和合性：互相障礙、隔離的性質。

例如，水、火不相容，兩者不能同時同地存在；水、油不相溶，彼此是獨立、分隔。

因＋種種緣＝果報，而緣與緣之間，就具有和合性或不和合性。例如，我們閱讀電子書，螢幕顯現的緣是電流、銅線、絕緣體等；心中眼識的緣是螢幕、眼根等。

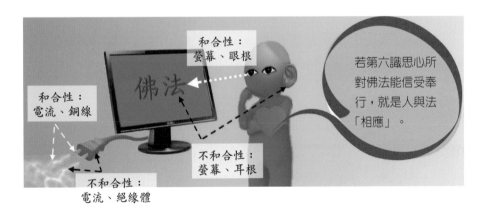

22. 無想定：外道所修的一種定，入定時，第六識停止作用，內心只有第七識與第八識的存在。

有一類眾生已經伏滅三禪天的煩惱，但是存於四禪天以上的煩惱還沒有伏滅，不知道修行要放下我、法二種執著，認爲「想」心

所是深入禪定的障礙，厭「想」如病，因此第六識先「作意」要出離「想」，欲使心中保持「無想」的狀態，如此修習，功行成熟，當「想」不活動後，五遍行全部停止，第六識不再作用，此時內心只有第七識（俱生我執、法執均未斷）與第八識的存在，以使根身與生命繼續，這種身心安穩調和的狀態名為「無想定」。

入四禪八定時，第六識都是與「定」心所相應，隨著禪定的深入，「定」心所越來越微細、寂靜；但入「無想定」時，第六識是停止的。佛法雖然說妄想是輪迴的因，卻不是要我們把「想」滅掉，而是返妄歸真——就如《佛說觀無量壽佛經》所述：「諸佛如來是法界身，入一切眾生心想中。是故汝等心想佛時，是心即是三十二相，八十隨形好，是心作佛，是心是佛。諸佛正遍知海，從心想生，是故應當一心繫念，諦觀彼佛……」。

23. 滅盡定：三果以上的聖人，能入此定以止息前六識不恆行的心、心所法，入定時，內心只有第七識的「俱生法執」與第八識。

佛教的小乘又稱聲聞乘，其修行主要是為了自己了脫生死，還未發心自度度人；聲聞行者以佛為師，遵從佛的言傳身教，持戒修行就能證得聖人的四種果位——初果、二果、三果、四果：

(1) 初果，梵語「須陀洹」漢譯為「入流」，已斷盡三界中的見惑，初入解脫輪迴的聖人之流，然而尚須於人、天中往返投生，最多七次往返後，即證四果；

(2) 二果，梵語「斯陀含」漢譯「一來」，已斷欲界部分思惑，需再來欲界受生一次；

(3) 三果，梵語「阿那含」漢譯「不來」，已斷盡欲界思惑，以後受生於色界或無色界；

(4) 四果就是阿羅漢果，梵語「阿羅漢」漢譯「無學」，已斷盡三界思惑，無法可學，超出三界，達到小乘涅槃境界的聖者。

三果以上的聖人，對無色界無所有處天的貪煩惱或已暫伏、或已永離，但於非想非非想處天的貪煩惱，還不一定能伏斷，若以「非想非非想處定」爲基礎，「作意」要止息「受、想」，並以「無我」的智慧觀照作爲加行，即入此無漏的滅盡定。因爲入定時，俱滅不恆行的前六識、與恆行的第七識染污我執，離滅一切的煩惱，故稱爲「滅盡定」，也因爲偏重在厭離受、想，亦名「滅受想定」。

入三界定境有一定的次第，必須先入初禪，然後才能入二禪……，最後入非想非非想處定，無法越級而入，因此初修定者，必遵循次第入定。若將色界四禪、無色界四定，加上滅盡定，就合稱爲「九次第定」。

聖人修滅盡定純熟時，便能自在出入，在其他任何定中，都能直接再入滅盡定。「滅盡定」和「無想定」的相同處，是第六識都不活動；其不同的是第七識：

滅盡定	因「我空」的智慧，第七識無我執，止息第六識的勞慮
無想定	第七識我執不斷，而第六識如石壓草、如冰夾魚，強制不起

24. 無想天：外道修無想定成就，能投生到四禪天裡的無想天，以微細色質爲身，壽命五百大劫；命終又復動念，再入輪迴。

　　「滅盡定」被歸類於以上生滅的「有爲法」，是因爲佛性無生無滅、無染無淨，由大乘的觀點來看，「滅盡定」偏重於空，故《楞伽經》以「三昧酒所醉」來形容它，又說「譬如昏醉人，酒消然後悟，聲聞亦如是，覺後當成佛」亦即能入滅盡定尙不究竟，還是要迴小向大，才能證大乘佛果。而以下的「無爲法」也有滅盡定，這是指小乘的聖人入滅盡定時，雖然不是成佛，但已滅盡一切煩惱，離三界的造作。

無爲法

　　以下略說世間、出世間的無爲法共六種，爲了方便領悟，先以眾生時時見到的虛空爲例：

　　1.虛空無爲：非色非心，離諸障礙，無可造作，故名無爲。

　　《華嚴經》說：「若有欲知佛境界，當淨其意如虛空」。我們面前的虛空，跟自性的「無爲」相似，也具有三種特性：

　　(1) 非色非心：不是四大所成的質礙色法，也不是能緣慮的心。

　　(2) 離諸障礙：能容受一切；不會障礙任何事物，也不被任何事物所障礙。

　　(3) 無可造作：無形無相；不可造作令生，也無法造作令滅。

　　接著說明，兩種能達到無爲狀態的不同修行方法──2.擇滅無爲、3.非擇滅無爲：

　　2.擇滅無爲：「擇」謂揀擇，「滅」即斷滅；正慧揀擇，永滅煩惱，所顯眞理，本不生滅，故名無爲。

由無漏智揀擇，修行永滅三界煩惱，其顯現的眞理，本就不生不滅，故名「無爲」。行者依此修行，可證得小乘的阿羅漢果位。

3. 非擇滅無爲，又分二種：

(1) 不由擇力，本性清淨，故名無爲。

不需藉由智慧的揀擇力量而顯現，是眾生與佛本來就有的清淨眞如自性，如《金剛經》所說：「諸菩薩摩訶薩應如是生清淨心，不應住色生心，不應住聲香味觸法生心，應無所住而生其心。」大乘行者依此修行，能成就菩薩，乃至佛的果位。

(2) 有爲緣闕，暫爾不生，雖非永滅，緣闕所顯，故名無爲。

以禪定的力量，使某些「有爲法」的緣暫停不生，但是並非永滅，只因缺少了緣，所以對應的果不能顯現。這是佛教行者與外道都能達到的境界。

依擇滅無爲、非擇滅無爲修行，簡說能證得下列 4. 不動無爲、5. 想受滅無爲、6. 眞如無爲，三種境界：

4. 不動無爲：入第四禪，雙忘苦樂、捨念清淨，三災不到，亦名無爲。

此不動定的寂滅無爲，是由 3. 非擇滅無爲的第 (2) 種修法證得。「不動定」是第四禪定的別名，入此定時，內心雙忘苦樂、捨念清淨，雖然色界四禪天還有色相，但壞劫時，也不被大三災破壞，所以它屬於世間的「無爲」。又《注維摩詰經》卷第五，鳩摩羅什大師說：「色界、無色界壽命劫數長久，外道以爲有常，不動義也。」而這些「無爲」就如《佛遺教經》所說：「一切世間動不動法，皆是敗壞不安之相。」

5. 想受滅無爲：入滅盡定，想受不行，似涅槃故，亦名無爲。

此即滅盡定，藉由 2. 擇滅無爲修證而得。入定時類似佛涅槃，是出世間的「無爲」。

最後是「眞如無爲」源自 3. 非擇滅無爲的第 (1) 種，是佛的境界，也應含攝登地菩薩的一切境界，因爲菩薩是佛子，以後必證佛果。

6. 眞如無爲：非妄名眞，非倒名如。

「眞」是眞實不虛妄，「如」是不顛倒，「眞如」即一切法的本性——佛性。以上所說的一切法就如水面的波浪，眞如就像水的本體，任何波浪不論大小、形狀，都是由水所化現；種種因緣業力所顯現的諸法，都源自同一個眞如本體。

諸法以離諸造作、不生不滅的眞如爲實性，而眞如的內涵、意義則需以諸法來顯示；因此眞如與諸法，是不一不異的。而且「眞如」二字，只是爲了使眾生了解而命名，要徹底明白它的意義，需學佛修行，先假借有爲法來「斷染成淨」，在遠離一切執著，放下有爲法的造作、生滅，了達我空、法空，一直到成佛時，才能親證眞如無爲。

我空與法空

《大乘百法明門論》的總綱「一切法無我」是認識五位百法的目的，也是佛法的根本、修行的宗旨，包含了「人無我」與「法無

我」，亦即「我空」與「法空」。

眾生所謂的「我」，都具有「常一主宰」——恆常、獨一、自主、支配四種性質，事實上，每位眾生都是依隨業力，在六道輪迴轉世，假藉五蘊和合才成為生命個體，身經生老病死，心念剎那變異，身、心並無法自在，所以說「人無我」。

《阿含經》講：「諸法因緣生，諸法因緣滅」——可取捨、可言說的宇宙萬法，都是由因緣和合而顯現，而且彼此相互依存、有生有滅，諸法也不具有「常一主宰」的性質，因此為「法無我」。

眾生執著「我」與一切「法」都是實有的，所以在世間生死輪迴；小乘行者怖畏煩惱、發心自度，能了悟我空、出離世間，但是俱生法執未破除，度生的智慧無法顯現，所證的果位稱為「偏空涅槃」。

大乘究竟的佛果是大空、真空、大涅槃，如《金剛經》所說：「如來所說法，皆不可取、不可說，非法、非非法，所以者何，一切賢聖，皆以無為法而有差別。」大乘修行可徹證我、法二空，當「我空、法空」的「空」亦空，就是真如無為，此時，若住世度生是「空有圓融」，體性恆寂、無所執住，隨順眾生因緣根器，以各種教法來度化；出世則「空有雙超」，自性本無一法可說、可得。

總迴向

以此功德　上供下施　川流不息　行無緣慈
遍滿虛空　普周法界　四聖六凡　圓融無礙
大圓滿　大吉祥

橡樹林文化 ❖❖ 善知識系列 ❖❖ 書目

JB0001	狂喜之後	傑克・康菲爾德◎著	380 元
JB0002	抉擇未來	達賴喇嘛◎著	250 元
JB0003	佛性的遊戲	舒亞・達斯喇嘛◎著	300 元
JB0004	東方大日	邱陽・創巴仁波切◎著	300 元
JB0005	幸福的修煉	達賴喇嘛◎著	230 元
JB0006	與生命相約	一行禪師◎著	240 元
JB0007	森林中的法語	阿姜查◎著	320 元
JB0008	重讀釋迦牟尼	陳兵◎著	320 元
JB0009	你可以不生氣	一行禪師◎著	230 元
JB0010	禪修地圖	達賴喇嘛◎著	280 元
JB0011	你可以不怕死	一行禪師◎著	250 元
JB0012	平靜的第一堂課——觀呼吸	德寶法師 ◎著	260 元
JB0013X	正念的奇蹟	一行禪師◎著	220 元
JB0014X	觀照的奇蹟	一行禪師◎著	220 元
JB0015	阿姜查的禪修世界——戒	阿姜查◎著	220 元
JB0016	阿姜查的禪修世界——定	阿姜查◎著	250 元
JB0017	阿姜查的禪修世界——慧	阿姜查◎著	230 元
JB0018X	遠離四種執著	究給・企千仁波切◎著	280 元
JB0019X	禪者的初心	鈴木俊隆◎著	220 元
JB0020X	心的導引	薩姜・米龐仁波切◎著	240 元
JB0021X	佛陀的聖弟子傳 1	向智長老◎著	240 元
JB0022	佛陀的聖弟子傳 2	向智長老◎著	200 元
JB0023	佛陀的聖弟子傳 3	向智長老◎著	200 元
JB0024	佛陀的聖弟子傳 4	向智長老◎著	260 元
JB0025	正念的四個練習	喜戒禪師◎著	260 元
JB0026	遇見藥師佛	堪千創古仁波切◎著	270 元
JB0027	見佛殺佛	一行禪師◎著	220 元
JB0028	無常	阿姜查◎著	220 元
JB0029	覺悟勇士	邱陽・創巴仁波切◎著	230 元
JB0030	正念之道	向智長老◎著	280 元
JB0031	師父——與阿姜查共處的歲月	保羅・布里特◎著	260 元
JB0032	統御你的世界	薩姜・米龐仁波切◎著	240 元
JB0033	親近釋迦牟尼佛	髻智比丘◎著	430 元
JB0034	藏傳佛教的第一堂課	卡盧仁波切◎著	300 元
JB0035	拙火之樂	圖敦・耶喜喇嘛◎著	280 元
JB0036	心與科學的交會	亞瑟・札炯克◎著	330 元

JB0037	你可以，愛	一行禪師◎著	220元
JB0038	專注力	B‧艾倫‧華勒士◎著	250元
JB0039X	輪迴的故事	堪欽慈誠羅珠◎著	270元
JB0040	成佛的藍圖	堪千創古仁波切◎著	270元
JB0041	事情並非總是如此	鈴木俊隆禪師◎著	240元
JB0042	祈禱的力量	一行禪師◎著	250元
JB0043	培養慈悲心	圖丹‧卻准◎著	320元
JB0044	當光亮照破黑暗	達賴喇嘛◎著	300元
JB0045	覺照在當下	優婆夷 紀‧那那蓉◎著	300元
JB0046	大手印暨觀音儀軌修法	卡盧仁波切◎著	340元
JB0047X	蔣貢康楚閉關手冊	蔣貢康楚羅卓泰耶◎著	260元
JB0048	開始學習禪修	凱薩琳‧麥唐諾◎著	300元
JB0049	我可以這樣改變人生	堪布慈囊仁波切◎著	250元
JB0050	不生氣的生活	W. 伐札梅諦◎著	250元
JB0051	智慧明光：《心經》	堪布慈囊仁波切◎著	250元
JB0052	一心走路	一行禪師◎著	280元
JB0054	觀世音菩薩妙明教示	堪布慈囊仁波切◎著	350元
JB0055	世界心精華寶	貝瑪仁增仁波切◎著	280元
JB0056	到達心靈的彼岸	堪千‧阿貝仁波切◎著	220元
JB0057	慈心禪	慈濟瓦法師◎著	230元
JB0058	慈悲與智見	達賴喇嘛◎著	320元
JB0059	親愛的喇嘛梭巴	喇嘛梭巴仁波切◎著	320元
JB0060	轉心	蔣康祖古仁波切◎著	260元
JB0061	遇見上師之後	詹杜固仁波切◎著	320元
JB0062	白話《菩提道次第廣論》	宗喀巴大師◎著	500元
JB0063	離死之心	竹慶本樂仁波切◎著	400元
JB0064	生命真正的力量	一行禪師◎著	280元
JB0065	夢瑜伽與自然光的修習	南開諾布仁波切◎著	280元
JB0066	實證佛教導論	呂真觀◎著	500元
JB0067	最勇敢的女性菩薩——綠度母	堪布慈囊仁波切◎著	350元
JB0068	建設淨土——《阿彌陀經》禪解	一行禪師◎著	240元
JB0069	接觸大地—與佛陀的親密對話	一行禪師◎著	220元
JB0070	安住於清淨自性中	達賴喇嘛◎著	480元
JB0071/72	菩薩行的祕密【上下冊】	佛子希瓦拉◎著	799元
JB0073	穿越六道輪迴之旅	德洛達娃多瑪◎著	280元
JB0074	突破修道上的唯物	邱陽‧創巴仁波切◎著	320元
JB0075	生死的幻覺	白瑪格桑仁波切◎著	380元
JB0076	如何修觀音	堪布慈囊仁波切◎著	260元
JB0077	死亡的藝術	波卡仁波切◎著	250元

JB0078	見之道	根松仁波切◎著	330 元
JB0079	彩虹丹青	祖古・烏金仁波切◎著	340 元
JB0080	我的極樂大願	卓千拉貢仁波切◎著	260 元
JB0081	再捻佛語妙花	祖古・烏金仁波切◎著	250 元
JB0082	進入禪定的第一堂課	德寶法師◎著	300 元
JB0083	藏傳密續的真相	圖敦・耶喜喇嘛◎著	300 元
JB0084	鮮活的覺性	堪千創古仁波切◎著	350 元
JB0085	本智光照	遍智 吉美林巴◎著	380 元
JB0086	普賢王如來祈願文	竹慶本樂仁波切◎著	320 元
JB0087	禪林風雨	果煜法師◎著	360 元
JB0088	不依執修之佛果	敦珠林巴◎著	320 元
JB0089	本智光照—功德寶藏論 密宗分講記	遍智 吉美林巴◎著	340 元
JB0090	三主要道論	堪布慈囊仁波切◎講解	280 元
JB0091	千手千眼觀音齋戒—紐涅的修持法	汪遷仁波切◎著	400 元
JB0092	回到家，我看見真心	一行禪師◎著	220 元
JB0093	愛對了	一行禪師◎著	260 元
JB0094	追求幸福的開始：薩迦法王教你如何修行	尊勝的薩迦法王◎著	300 元
JB0095	次第花開	希阿榮博堪布◎著	350 元
JB0096	楞嚴貫心	果煜法師◎著	380 元
JB0097	心安了，路就開了： 讓《佛說四十二章經》成為你人生的指引	釋悟因◎著	320 元
JB0098	修行不入迷宮	札丘傑仁波切◎著	320 元
JB0099	看自己的心，比看電影精彩	圖敦・耶喜喇嘛◎著	280 元
JB0100	自性光明 —— 法界寶庫論	大遍智 龍欽巴尊者◎著	480 元
JB0101	穿透《心經》：原來，你以為的只是假象	柳道成法師◎著	380 元
JB0102	直顯心之奧秘：大圓滿無二性的殊勝口訣	祖古貝瑪・里沙仁波切◎著	500 元
JB0103	一行禪師講《金剛經》	一行禪師◎著	320 元
JB0104	金錢與權力能帶給你甚麼？ 一行禪師談生命真正的快樂	一行禪師◎著	300 元
JB0105	一行禪師談正念工作的奇蹟	一行禪師◎著	280 元
JB0106	大圓滿如幻休息論	大遍智 龍欽巴尊者◎著	320 元
JB0107	覺悟者的臨終贈言：《定日百法》	帕當巴桑傑大師◎著 堪布慈囊仁波切◎講述	300 元
JB0108	放過自己：揭開我執的騙局，找回心的自在	圖敦・耶喜喇嘛◎著	280 元
JB0109	快樂來自心	喇嘛梭巴仁波切◎著	280 元
JB0110	正覺之道・佛子行廣釋	根讓仁波切◎著	550 元
JB0111	中觀勝義諦	果煜法師◎著	500 元

圖解佛學系列　JL0002X

圖解佛教八識 增訂版

作　　　者／洪朝吉
責 任 編 輯／丁品方
業　　　務／顏宏紋

總　編　輯／張嘉芳
出　　　版／橡樹林文化
　　　　　　城邦文化事業股份有限公司
　　　　　　104 台北市民生東路二段 141 號 5 樓
　　　　　　電話：(02)2500-7696　傳真：(02)2500-1951
發　　　行／英屬蓋曼群島商家庭傳媒股份有限公司城邦分公司
　　　　　　104 台北市中山區民生東路二段 141 號 2 樓
　　　　　　客服服務專線：(02)25007718；25001991
　　　　　　24 小時傳真專線：(02)25001990；25001991
　　　　　　服務時間：週一至週五上午 09:30 ～ 12:00；下午 13:30 ～ 17:00
　　　　　　劃撥帳號：19863813　戶名：書虫股份有限公司
　　　　　　讀者服務信箱：service@readingclub.com.tw
香港發行所／城邦（香港）出版集團有限公司
　　　　　　香港灣仔駱克道 193 號東超商業中心 1 樓
　　　　　　電話：(852)25086231　傳真：(852)25789337
　　　　　　E-mail：hkcite@biznetvigator.com
馬新發行所／城邦（馬新）出版集團【Cité (M) Sdn.Bhd. (458372 U)】
　　　　　　41, Jalan Radin Anum, Bandar Baru Sri Petaling,
　　　　　　57000 Kuala Lumpur, Malaysia.
　　　　　　電話：(603) 90578822　傳真：(603) 90576622
　　　　　　Email：cite@cite.com.my

封面設計／周家瑤
內文排版／歐陽碧智
印　　刷／中原造像股份有限公司
二版一刷／ 2017 年 01 月
二版四刷／ 2021 年 04 月
ISBN ／ 978-986-5613-36-5
定價／ 300 元

城邦讀書花園
www.cite.com.tw

國家圖書館出版品預行編目（CIP）資料

圖解佛教八識 / 洪朝吉著. -- 二版. -- 臺北市：
橡樹林文化，城邦文化出版：家庭傳媒城邦分
公司發行，2017.01
　　面；　公分. --（圖解佛學系列；JL0002X）
　　ISBN 978-986-5613-36-5（平裝）

1. 佛教教理　2. 佛教修持

220.1　　　　　　　　　　　　　105025412

104 台北市中山區民生東路二段 141 號 5 樓

城邦文化事業股份有限公司

橡樹林出版事業部　收

請沿虛線剪下對折裝訂寄回，謝謝！

橡|樹|林

書名：圖解佛教八識　書號：JL0002X

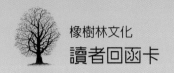

橡樹林文化
讀者回函卡

感謝您對橡樹林出版社之支持，請將您的建議提供給我們參考與改進；請別忘了
給我們一些鼓勵，我們會更加努力，出版好書與您結緣。

姓名：＿＿＿＿＿＿＿＿＿＿＿　□女　□男　　生日：西元＿＿＿＿＿年

Email：＿＿＿＿＿＿＿＿＿＿＿＿＿＿＿＿＿＿＿＿＿＿＿

● 您從何處知道此書？

　□書店　□書訊　□書評　□報紙　□廣播　□網路　□廣告 DM　□親友介紹

　□橡樹林電子報　□其他＿＿＿＿＿＿＿

● 您以何種方式購買本書？

　□誠品書店　□誠品網路書店　□金石堂書店　□金石堂網路書店

　□博客來網路書店　□其他＿＿＿＿＿＿＿

● 您希望我們未來出版哪一種主題的書？（可複選）

　□佛法生活應用　□教理　□實修法門介紹　□大師開示　□大師傳記

　□佛教圖解百科　□其他＿＿＿＿＿＿＿

● 您對本書的建議：

＿＿＿＿＿＿＿＿＿＿＿＿＿＿＿＿＿＿＿＿＿＿＿＿＿＿＿＿＿＿

＿＿＿＿＿＿＿＿＿＿＿＿＿＿＿＿＿＿＿＿＿＿＿＿＿＿＿＿＿＿

＿＿＿＿＿＿＿＿＿＿＿＿＿＿＿＿＿＿＿＿＿＿＿＿＿＿＿＿＿＿

＿＿＿＿＿＿＿＿＿＿＿＿＿＿＿＿＿＿＿＿＿＿＿＿＿＿＿＿＿＿

＿＿＿＿＿＿＿＿＿＿＿＿＿＿＿＿＿＿＿＿＿＿＿＿＿＿＿＿＿＿